简明围棋入门

卫泓泰
五仁　著
檀啸

化学工业出版社
·北京·

图书在版编目（CIP）数据

简明围棋入门 / 卫泓泰，五仁，檀啸著. -- 北京：化学工业出版社，2024. 9. -- ISBN 978-7-122-45965-7

Ⅰ．G891.3

中国国家版本馆CIP数据核字第2024H6Y836号

责任编辑：史 懿	封面设计：孙 沁
责任校对：王 静	装帧设计：宁小敬 盟诺文化

出版发行：化学工业出版社（北京市东城区青年湖南街13号　邮政编码100011）
印　　装：北京宝隆世纪印刷有限公司
710mm×1000mm　1/16　印张11¹/₂　字数177千字　2025年1月北京第1版第1次印刷

购书咨询：010-64518888　　　　　　　　　　　　售后服务：010-64518899
网　　址：http://www.cip.com.cn
凡购买本书，如有缺损质量问题，本社销售中心负责调换。

定　　价：68.00元　　　　　　　　　　　　　　　版权所有　违者必究

前　言

大家好，我是卫泓泰。

《简明围棋入门》和《简明围棋入段》是一套全新的围棋入门书，是体系非常完整的围棋知识引导书。《简明围棋入门》主要讲解围棋的基本规则、吃子方法、死活基本型和常用着法，为入门所必须掌握的通用知识；《简明围棋入段》主要讲解围棋的实战攻防下法以及如何完成一局棋，教我们怎样将所学知识应用到实战对局中。书中的每一部分知识，都按照从易到难的顺序讲解，并标记了相应的棋力等级，读者可以此掌握学习进度并估算个人棋力等级。我和檀啸、五仁，非常希望这两本书可以是你身边的一位好老师，一位好朋友，帮你答疑解惑，陪伴你走过围棋入门到升段的征程。

这套书比我上一本《零基础学围棋》要晚出版 4 年，但是从有第一版稿件到现在，已经修改七年时间，这期间人工智能围棋逐渐普及，围棋业内有了很多思想上的根本变化。我们也学到很多其他行业富有启发性的教学方法，一点一点写到了书里，希望读者可以带着思考读下去。

每次修改的时候，总遇到一些好的天气，或是晴空万里，或是微风习习。有的时候在高铁上，大江南北的名山大川一晃而过，看着稿件一点一点充实起来，觉得积累、整理、表达真是一种快乐。

学好围棋，需要一些要素，比如说：

1. 师承——找个好老师，真的可以帮你把很多事情讲明白，带你到他达到的高度；

2. 学习方法——每次学习，记下来学到了什么，做错了题目，记下来下次再做；

3. 兴趣——享受谋略上战胜对手的快乐，以及思考的快乐；

4. 学以致用——学到的招数，想办法使出来，否则只学到知识的一小半；

5. 好心情——在温暖的阳光里下棋，在欢快的氛围中下棋，在风景如画的公园里下棋，可以助你更好地发挥。

不过最重要的是，想赢。只要你想赢，你就开始了围棋入门第一课。当然了，对于那些已经斗志满满的同学，我还要说，不要怕输，新人最不怕的就是一时的输棋，要有平常心。攀登一座高山，进行一段旅行，都是有一个过程的，千万不要摔一跤就回家，不要输一次就放弃。

更好的风景，更智慧的旅程刚刚开始。

简明学围棋，开始吧。

2024 年 8 月

目　录

第 1 章　围棋基础：游戏开始，你准备好了吗？

1.1 在开始下一盘棋之前，我们首先要知道什么？ ················· 2
　1.1.1 围棋的棋盘和棋子是什么样的？ ························· 2
　1.1.2 应该黑棋先下，还是白棋先下？ ························· 9
　1.1.3 怎样才能获胜？ ······································· 9
　1.1.4 熟悉气的概念是不是很重要？ ··························· 12
　1.1.5 围棋学习中，什么最重要？ ····························· 18
　1.1.6 下完一盘棋之后，怎样才算赢？ ························· 25
1.2 围棋是怎样区分水平高低的呢？ ····························· 28
　1.2.1 围棋等级制 ··· 28
　1.2.2 围棋技能 ··· 29
　1.2.3 阅读顺序 ··· 30
复习 ··· 31

第 2 章　吃子技巧：有哪些可以巧妙吃掉对方棋子的方法？

题目速览 ··· 34
2.1 有哪些紧气吃子的巧妙方法？ ······························· 37
　2.1.1 提吃（18K） ·· 37
　2.1.2 抱吃（17K） ·· 38
　2.1.3 门吃（17K） ·· 38
　2.1.4 扑吃（16K） ·· 40
　2.1.5 双吃（16K） ·· 42
　2.1.6 夹吃（16K） ·· 43
　2.1.7 征吃（15K） ·· 44
2.2 有什么不用紧气的吃子方法？ ······························· 46
枷吃（15K） ··· 46
2.3 为什么说棋盘的边界是死亡线？ ····························· 48
　2.3.1 逼向死亡线（16K） ···································· 48
　2.3.2 沿着死亡线（15K） ···································· 49

2.4 如何让对方的棋子陷入包围圈而无法逃走? ··· 50
- 2.4.1 中间的接不归（16K）··· 50
- 2.4.2 边角的接不归（15K）··· 51

2.5 常用吃子思维 ··· 52
- 2.5.1 不入气（14K）··· 52
- 2.5.2 弃子（13K）··· 52
- 精彩对局 ··· 54

2.6 有哪些名字有趣的经典吃子方法? ··· 57
- 2.6.1 双倒扑（12K）··· 57
- 2.6.2 乌龟不出头（12K）··· 58
- 2.6.3 金鸡独立（11K）··· 58
- 2.6.4 老鼠偷油（11K）··· 58
- 2.6.5 倒脱靴（10K）··· 60
- 2.6.6 相思断（9K）··· 60
- 2.6.7 滚打包收（8K）··· 60
- 2.6.8 大头鬼（7K）··· 62

2.7 技能树 ··· 62

第 3 章 死活技巧：如何让自己的棋存活？如何杀掉对方的棋？

题目速览 ··· 66

3.1 什么样的棋形才能保证自身永远是活的? ··· 68
- 3.1.1 真眼与假眼（17K）··· 68
- 3.1.2 死棋与活棋（15K）··· 72
- 3.1.3 眼的推算（16K）··· 74
- 3.1.4 基本死活型（15K）··· 76
- 题目速览 ··· 89

3.2 如何做活一块棋? ··· 91
- 3.2.1 小型内部空间 ··· 91
- 3.2.2 大型内部空间 ··· 92
- 3.2.3 找对方棋形的弱点 ··· 96
- 3.2.4 角部的特殊性 ··· 99
- 精彩对局 ··· 100
- 3.2.5 特殊活型 ··· 104
- 3.2.6 做活四步法（7K）··· 106
- 题目速览 ··· 107

3.3 如何杀死一块棋? ··· 109
- 3.3.1 小型内部空间 ··· 109

3.3.2 大型内部空间	110
精彩对局	114
3.3.3 找对方棋形的弱点	119
3.3.4 角部的特殊性（10K）	120
3.3.5 吃子手筋（7K）	122
3.3.6 杀棋四步法（7K）	124
题目速览	125

3.4 有哪些需要牢记在心的死活常型？ 126

3.4.1 七死八活（10K）	126
3.4.2 断头板六（9K）	128
3.4.3 角上板六（7K）	130
3.4.4 盘角曲四（8K）	132
3.4.5 左右同形（10K）	134
题目速览	135

3.5 围棋中形成不同棋形的下法，都是怎样命名的？ 139

3.5.1 立（6K）	139
3.5.2 尖（6K）	140
3.5.3 跳（6K）	141
3.5.4 小飞（6K）	142
3.5.5 虎（6K）	143
3.5.6 顶（5K）	144
3.5.7 挤（5K）	145
3.5.8 挖（5K）	146
3.5.9 跨（5K）	147
3.5.10 扳（5K）	148
3.5.11 扑（4K）	149
3.5.12 点（4K）	150
精彩对局	152
3.5.13 断（4K）	155
3.5.14 夹（4K）	156
3.5.15 托（4K）	158
3.5.16 手筋在死活题中的作用	160
题目速览	161

3.6 怎样运筹帷幄，攻破死活难题？ 162

3.6.1 排除法（3K）	162
3.6.2 剪枝法（2K）	166
3.6.3 构造法（1K）	170
3.6.4 直觉法（1D）	172

3.7 技能树 174

第1章

围棋基础：游戏开始，你准备好了吗？

1.1 在开始下一盘棋之前,我们首先要知道什么?

1.1.1 围棋的棋盘和棋子是什么样的?

围棋的道具包括棋盘和棋子。

1.1.1.1 棋盘

棋盘是由数量相等的横线和竖线交叉形成的方格阵。棋盘的规格由线的数量决定。

如图 1-1,常见的棋盘的规格有 9×9、13×13 和 19×19,分别称为 9 路棋盘、13 路棋盘和 19 路棋盘。9 路和 13 路棋盘通常用于初学者练习和小型娱乐赛事,正规赛事均使用 19 路棋盘。

9路棋盘

13路棋盘

19路棋盘

9路棋盘平面图

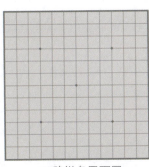
13路棋盘平面图

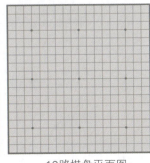
19路棋盘平面图

图 1-1

1.1.1.2 棋盘上的点和线

棋盘上的交叉点由横线和竖线交叉形成。棋盘上的线,从平行且最近的棋盘边缘开始数,数到几就是几线。棋子要落在交叉点上。特殊的交叉点及名称如图1-2。

星位,棋盘上用圆标识的黑色交叉点。

天元,棋盘正中央位置的交叉点。

小目,三四点又称为小目。

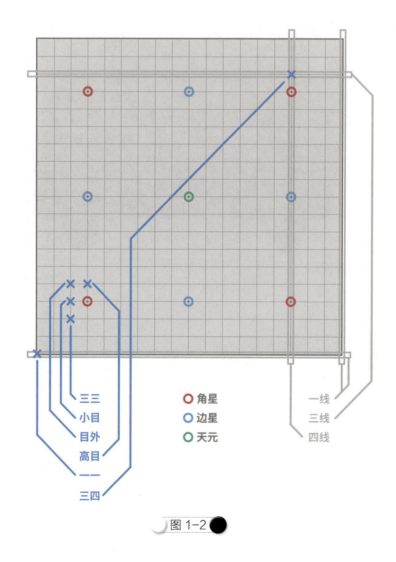

图1-2

1.1.1.3 棋盘上的区域

19 路棋盘上的区域如图 1-3 所示。

角,角星和棋盘角落内的区域。

边,两个相邻角星之间,从一线到四线的区域。

中腹,四颗角星之间围成的区域。

我们在这里简单介绍棋盘区域,后面会在第三章更加详细地介绍棋盘各个区域的不同之处与特点。

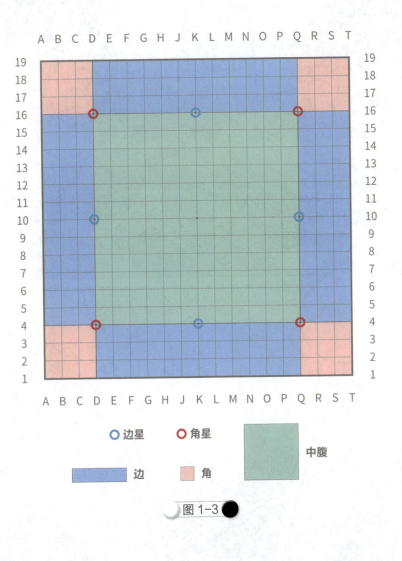

图 1-3

1.1.1.4 棋子

如图 1-4，中式棋子为扁圆形，分为黑子和白子。19 路棋盘配 181 颗黑子和 180 颗白子。

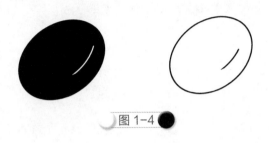

图 1-4

1.1.2 应该黑棋先下，还是白棋先下？

围棋为两方参与的游戏，使用黑子的一方称为执黑，使用白子的一方称为执白，黑先白后。棋子下在交叉点上，在没被吃掉的情况下，不能移动，不能拿回。落子后对局正式开始。

1.1.3 怎样才能获胜？

围棋获胜的原则很简单，对局结束时，领地大的一方获胜，所以围棋本质上是一种圈地游戏。

领地是指被一方完全包围的空交叉点的集合（范围），称为"空"。空中的每一个交叉点称为目或点。

围棋有不同的游戏模式，胜负的判定方法略有不同。围棋的游戏模式称为"棋份"，分为"分先""让先"和"让子"三种。

其中"分先"为公平模式；"让先"和"让子"为不公平模式，在双方实力有差距的情况下采用。

1.1.3.1 分先模式

分先模式是指对局开始前棋盘上没有任何棋子，黑棋先下，但黑方先下有优势需要贴目，黑方的空要比白方多出贴目数才能取胜，中国规则为黑棋贴 3¾ 子，日本和韩国规则为贴 7.5 目。

1.1.3.2 让先模式

让先模式是指对局开始前棋盘上没有棋子，黑棋先下，但黑棋不用贴目，用于双方实力有差距的情况。

1.1.3.3 让子模式

如果让先模式下仍然差距明显，较弱一方可以在对局开始前在棋盘指定位置上摆放 2～9 颗黑子（如图 1-5），然后白棋先下，不贴目。

1.1.3.4 胜负判定举例：去死子

任何模式下，如果一方困住了对方的棋子，被困住的棋子称为"死子"。在计算目数时，首先计算死子的个数，然后将死子从棋盘上拿掉，这一方的目数为领地的空点与对方死子数量之和。以 9 路棋盘为例，黑棋贴目为 5.5 目，计算方法如图 1-6。

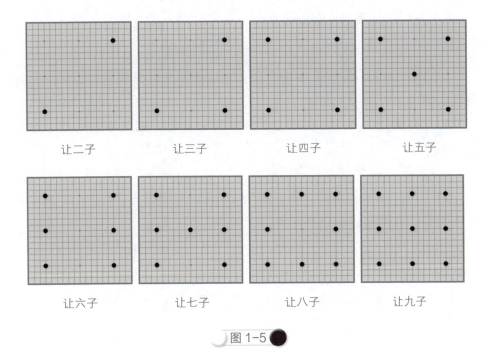

图 1-5

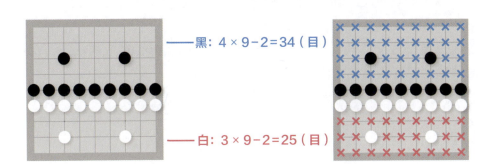

34−25−5.5 = 3.5（目），即黑胜 3.5 目

图 1-6

1.1.3.5 胜负判定举例：有死子

图1-7所示案例使用9路棋盘，游戏模式为分先模式，黑棋的贴目为5.5目。

棋局结束时，黑空中共有2个被困住的白子，白空中共有4个被困住的黑子。

拿掉死子后，黑空中共有23个空交叉点，白空中共有20个空交叉点。

加上对方死子的个数，黑棋共有25目，白棋共有24目。黑棋比白棋多1目，去掉贴目后白胜4.5目。

1.1.4 熟悉气的概念是不是很重要？

懂得什么是气，是围棋学习的基础。

数气熟练，就可以从初学者中逐渐脱颖而出。

数得快可以更厉害哦。

围棋的基本规则都与"气"相关，包括"气""吃子""禁入点"和"打劫"4项内容。

只要不违反"气"的规则，就可以使对局保持在有效的状态，保证对局顺利完成。

1.1.4.1 气

棋子在棋盘上的基本生存条件，称为"气"。气是指一颗棋子或一块棋相邻的空交叉点的数量之和。没有气的棋子不能生存，需要从棋盘上拿掉，称为"提子"。被提的子也是死子，计算死子数量时也要加上。

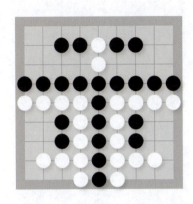

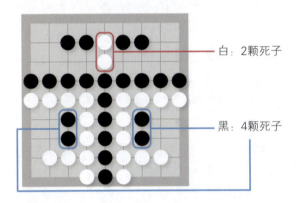

白：2颗死子

黑：4颗死子

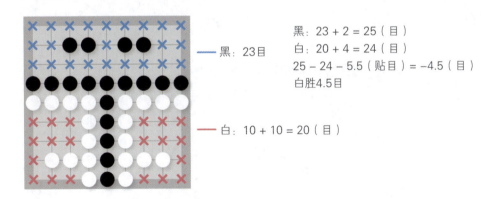

黑：23目

白：10 + 10 = 20（目）

黑：23 + 2 = 25（目）
白：20 + 4 = 24（目）
25 − 24 − 5.5（贴目）= −4.5（目）
白胜4.5目

图 1-7

- 一颗棋子的气

  如图 1-8，一颗棋子在棋盘上的位置不同，相邻空交叉点的数量不同。棋盘中间的棋子有 4 气，边上的棋子有 3 气，角上的棋子有 2 气。

- 一块棋的气

  如图 1-9，棋盘上几颗棋子相连组成一块棋，一块棋的气是所有与棋子相邻的空交叉点的数量之和。不完全相连的棋子的气要分别计算。

- 形状与气

  如图 1-10，当一块棋的子数不同时，子数越多，气的数量就越多。当一块棋子数相同，棋形越舒展，气的数量就越多。

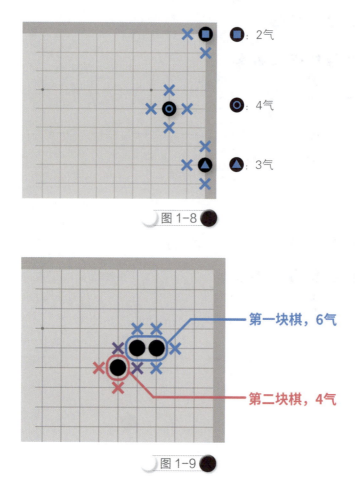

图 1-8

图 1-9

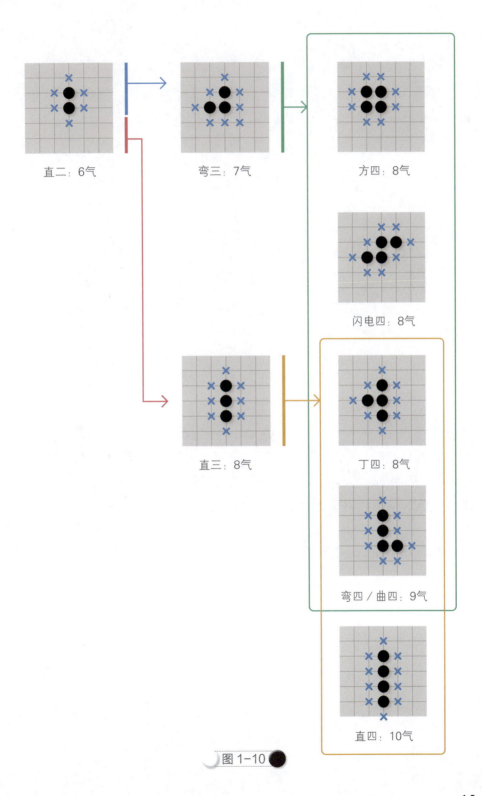

图 1-10

1.1.4.2 吃子

如图 1-11，使对方只有 1 气的棋子变得没有气，就是吃子，吃子后需要提子。被提的子就是我们在上文所讲过的死子。

1.1.4.3 禁入点

如图 1-12，落子时自己的棋子没有气，又不能吃掉对方棋子的点，称为"禁入点"。中国规则中，第一次落在禁入点上会被判定落子无效，由对方继续落子。第二次落在禁入点上直接判负。

如图 1-13，黑棋下在图中 X 位可以吃掉白棋两子，X 位就不是黑棋的禁入点了。

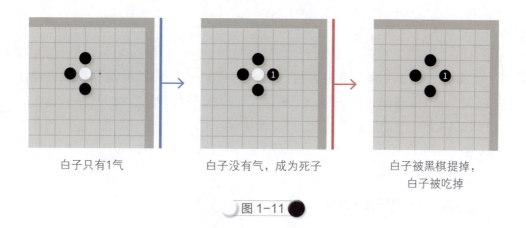

图 1-11

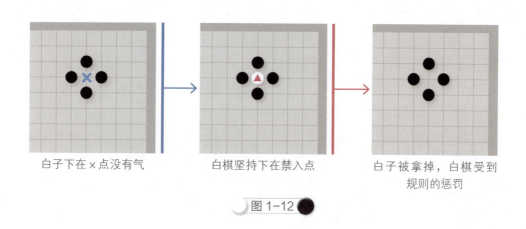

图 1-12

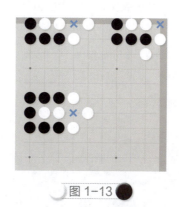

图 1-13

17

1.1.4.4　打劫

如图 1-14，黑白双方互相打吃时，不允许互相反复吃子。黑方提子后，白方要在其他地方落子，黑方回应后，白方才能继续吃回，这个过程就称为"打劫"。

1.1.5　围棋学习中，什么最重要？

有的人说，下围棋，计算力最重要；有的人说，下围棋，记住最多的着法，记忆力最重要。

储存和计算这都是机器擅长的，作为人类，围棋最重要的是学会反思、总结。

反思和总结需要跟对手交流，需要跟老师请教。复盘反思多了，你会发现你开始过目不忘，开始能计算到很远的变化。算得又远又对，会给人无穷的快乐——思考的快乐。

1.1.5.1　连接与分断

连接与分断是战斗是否开始的决定因素。

连接是把几块棋连成一块棋，分断是阻止对方连接的手段。

如图 1-15，黑棋下在 × 位上，把四颗黑子紧密相连，这种手段就是"连接"简称"连"；如果白棋下在 × 位上，使两块黑棋无法连在一起，这种手段就是"分断"，简称"断"。× 位是决定黑棋连接或分断的关键点，我们称为"断点"。

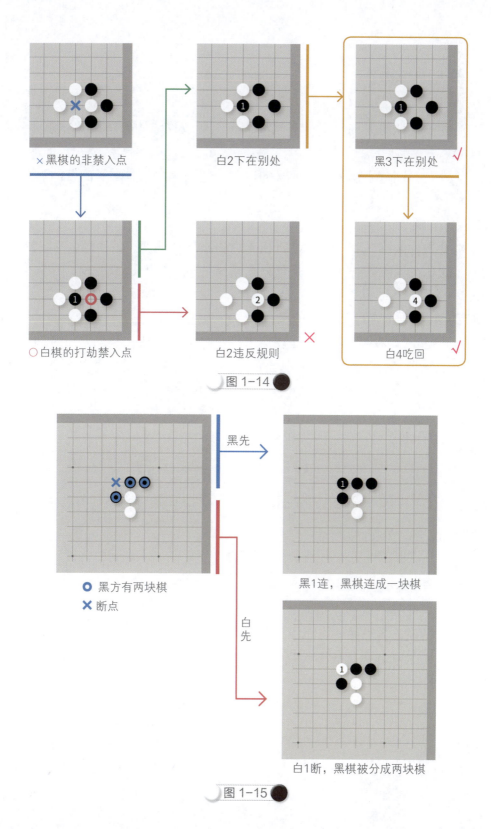

图 1-14

图 1-15

1.1.5.2 吃子与逃跑

吃子：让对方的棋子从有气变为无气的过程，达到消灭对方棋子的目的。

逃跑：让自己棋子的气变长的过程，达到保护己方棋子的目的。

- 紧气和延气（图1-16）

紧气：又称"收气"，是直接把对方棋子的气变少的手段。

延气，又称"长气"，是使自己棋子的气变多的逃跑手段。

- 打吃和长（图1-17）

打吃：又称"叫吃"，是将对方棋子从2气变成1气的紧气手段。

如果白棋跑出一子，使自己的气变多，这块棋成功得救，这就是"长"。

1.1.5.3 死活与对杀

吃子是双方小范围内的战斗，死活与对杀则是双方大块棋之间的战斗。

死活是一方被另一方包围后能否存活的问题。

对杀是双方互相包围，都不能独立存活，需要吃掉对方救活自己的问题。

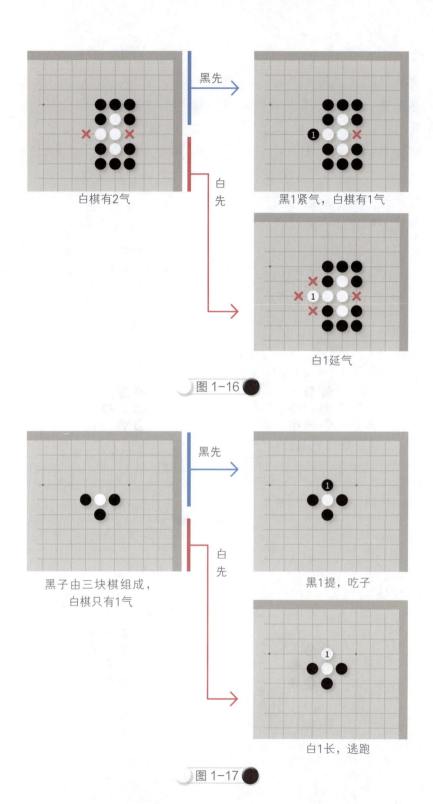

图 1-16

图 1-17

● 死棋和活棋

大块棋的死活需要"眼"来判定。

眼：被一方棋子围住的交叉点。如图 1-18，如果围住这个交叉点的所有棋子彼此相连，就是"真眼"；如果没有彼此相连，就是"假眼"。

棋盘上的棋如果想永久存活，至少需要两只真眼。因为两只真眼都是这块棋的气，是对方的禁入点，对方无法落子，也就永远不会被吃。

如果一手棋能为自己的棋子做成一只真眼，这手棋称为"做眼"。

如果一手棋能够破坏对方棋子的一只真眼，这手棋称为"破眼"。

只有一只真眼的棋不能永久存活，如图 1-19。对方可以在整块棋只剩 1 气时下在这个点上，将整块棋吃掉。假眼的数量对死活没有影响。

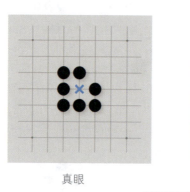
真眼

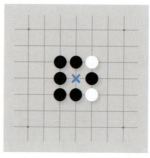
假眼

图 1-18

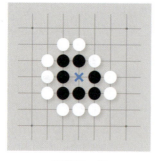
一只真眼：死

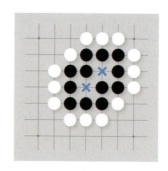
两只真眼：活

图 1-19

● 杀棋和做活

将对方包围，并破坏对方的两只真眼，称为"杀棋"，杀棋可以消灭对方的一块棋。被对方包围时做成两只真眼，称为"做活"，做活可以救活自己的一块棋。杀棋和做活合称"死活"。

图 1-20 中，黑棋被白棋包围，黑棋已有 × 位的一只真眼，第二只真眼尚未成形。如果轮到黑棋下，黑 1 可以做成○位的第二只真眼，救活整块棋。如果轮到白棋下，白 1 可以破坏○位的第二只真眼，杀死整块棋。因此，这个问题对于黑棋来说是做活问题，对于白棋来说是杀棋问题。

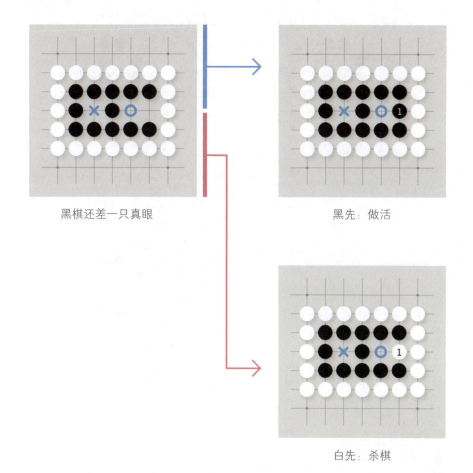

黑棋还差一只真眼

黑先：做活

白先：杀棋

图 1-20

● 对杀

被对方包围时无法做出两只真眼,但己方同时也包围了对方,因比对方气多消灭对方,救活自己,称为"对杀",如图1-21。

这里简单介绍了死活与对杀,我们将在后面的章节详细介绍大量吃子对杀的知识。

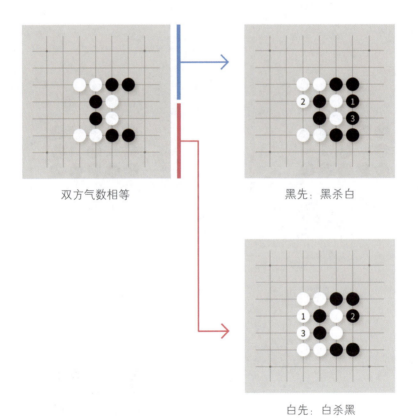

双方气数相等

黑先:黑杀白

白先:白杀黑

图1-21

1.1.6 下完一盘棋之后，怎样才算赢？

围棋获胜的基础策略，是在全局范围内获取尽量大的领地，具体表现在对局前期和中期判断不同区域的价值、决定圈地的顺序和棋子之间的配合方式。

由于棋盘边缘的存在，各个部分的价值并不相同。为了取胜，每一手棋都要下在可以获得最大价值的区域。找到价值更大的区域后，棋子不同的配合方式，能决定圈地的效果。这些能力统称为"大局观"。

1.1.6.1 区域的价值

棋盘边、角、腹部的价值有所不同。角部的价值最大，其次是边，最小的是腹部。因为角部棋子可以利用相邻的两个边围地，而边上棋子可以利用最近的边围地，中腹的棋子没有边可以利用。"金角银边草肚皮"这句谚语就概括了棋盘各个区域的价值。

1.1.6.2　实地与外势

如图 1-22，棋盘上的价值可以分为实地与外势两种。

靠近棋盘边缘的棋子与边缘之间围住的领地即是"实地"。

面向中腹的棋子对中腹领地的影响力称为"外势"。

实地的数量是确定的、可以计算的；而外势的影响范围是不确定的。实地的数量基本不会改变，但外势会随着对局进程改变。棋手选择实地还是外势，由个人喜好决定。

1.1.6.3　棋子的配合

对局前期，棋子之间的配合遵循三种原则。

● 三四线原则

指对局前期，棋子尽量下在三四线上。因为太靠近棋盘边缘的一线二线，实地过小。而五线或更高的位置，又离边缘太远，控制力不足，容易被对方抢夺实地。所以下在三四线，对实地和外势的控制比较恰当。

三线与四线的区别是，三线取得的领地较小，但是实地控制力强。四线取得领地较大，但控制力较弱。

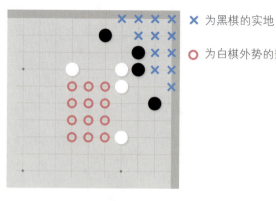

图 1-22　✕ 为黑棋的实地　〇 为白棋外势的影响范围

- 高低配合原则

　　指几颗棋子占据一条边时最好在三线和四线交替落子，这样实地数量和控制力最均衡。如果都在三线上，领地较小；如果都在四线，控制力弱，很容易被入侵。

- 立体空原则

　　立体空原则指数量相同的棋子用来围空，做成方形比做成扁形围住的空更多。相同数量的棋子围空，越接近正方形围住的空越大。立体空的围空效果比扁形空好。

- 棋子的配合举例

　　图1-23所示的常规对局下法，双方遵循了以上3条棋子配合的原则。黑1至黑7，双方所有的棋子都在三线和四线上，满足三四线原则；3、5、7这3颗黑子形成"三四四"形，满足高低配合原则；白8至黑15的下法称为"定式"，是一种双方争夺角部的模板下法。4、16、18这3颗白子形成"三四三"型，满足高低配合原则；黑19与下边其他黑子形成立体控制范围，满足立体空原则。棋局进行至黑19，双方都没有明显的错误。

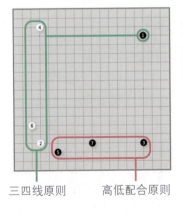
三四线原则　　高低配合原则

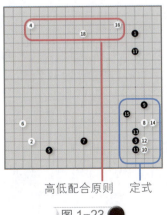
高低配合原则　定式

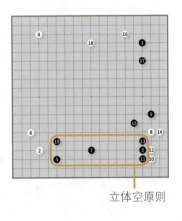
立体空原则

图 1-23

1.2 围棋是怎样区分水平高低的呢？

当大家掌握了基本围棋规则、计算力和大局观后，就达到了入门的级别。而之后就是在计算力和大局观上的不断提升。我们先了解围棋等级制度。

1.2.1 围棋等级制

围棋的等级从低到高共分为3类：业余级位、业余段位和职业段位。

业余级位的数字越小，棋手的水平越高；业余段位和职业段位的数字越大，棋手的水平越高。拥有业余段位或业余级位的棋手称为业余棋手，段位、级位用阿拉伯数字表示。拥有职业段位的选手称为职业棋手，段位用汉字表示。

- 业余级位

一般来说有证书的业余级位以25级为最低，之后水平越高，级位数字越小，最高级是1级，1级之后再提升就将进入段位。

目前国内各省市的级位体系都有所不同，应以当地级位比赛规定为准。

- 业余段位

业余1级的棋手，如果水平继续提升，将达到业余1段的水平。

与级位不同，随着水平的不断提升，棋手的段位将不断增加。当棋手的水平到达业余5段时，可以被称为业余高手。业余5段以上还有业余6段、7段和8段，这3个业余段位一般通过在全国或国际的业余大赛上取得名次获得。

在网络对局中，业余级位用字母"K"表示，业余3级可表示为"3K"；业余段位用字母"D"表示，业余5段可以表示为"5D"。

● 职业段位

职业棋手是通过围棋职业定段赛或者在全国顶尖业余大赛取得职业名额的棋手。

职业棋手非常稀少，在围棋总人口中大约占十万分之一，是高手中的高手。

职业棋手段位以汉字表示，例如职业九段、职业五段。

1.2.2 围棋技能

棋手等级的提升，其实是计算力与大局观两项能力的提升。本书中将每一项计算力技能与业余等级相对应。读者可以将技能看成围棋游戏中的技能点，按逻辑顺序学习。

技能内容分为四部分：

第一部分为如何将对方棋子包围并提掉；

第二部分介绍某一方被包围时如何救活自己或包围对方后如何杀掉对方；

第三部分为双方互相包围时如何提掉对方；

第四部分介绍局部战斗的完整流程，和局部战斗中除了吃子、死活和对杀之外的技能。这部分技能在《简明围棋入段》一书中有详细介绍。

1.2.3　阅读顺序

本书有两种阅读方式。第一种是横向阅读（表1-1），首先掌握每一章的A类技能，然后是B类技能，最后是C类技能。这类阅读方式能够保证读者的水平得到综合提升，稳定性较高。第二种是纵向阅读（图1-24），首先掌握第2章的吃子技巧，其次掌握第3章的死活技巧，如果想要更进一步，可以学习本书的姊妹篇《简明围棋入段》，掌握其中的对杀技巧，以及局部和全局的战斗技巧。这类阅读方式（用★标记）能够保证读者快速拥有自己的必杀技，爆发力较强。

完成每一章的阅读之后，读者可以按照其最后一节"技能树"中的顺序，对这一章所有技能点的掌握程度进行自我评测。如果读者确认已经掌握了各章的所有技能点，则围棋计算力水平可达业余1段。

表1-1　围棋技能分类

技能级别	技能难度	级别范围
A类技能	初级	18K ~ 15K
B类技能	中级	14K ~ 7K
C类技能	高级	6K ~ 1D

图1-24

复 习

学习了本章的知识,以下题目应当不在话下。

黑先,怎样下最好?

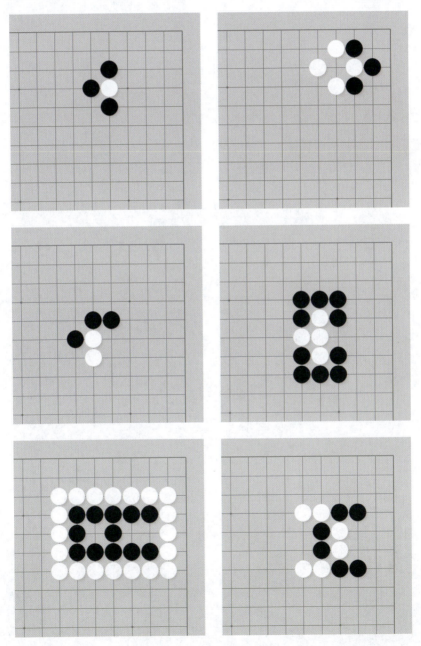

31

第2章

吃子技巧：有哪些可以巧妙吃掉对方棋子的方法？

题目速览

黑先，可以吃掉哪些白子？

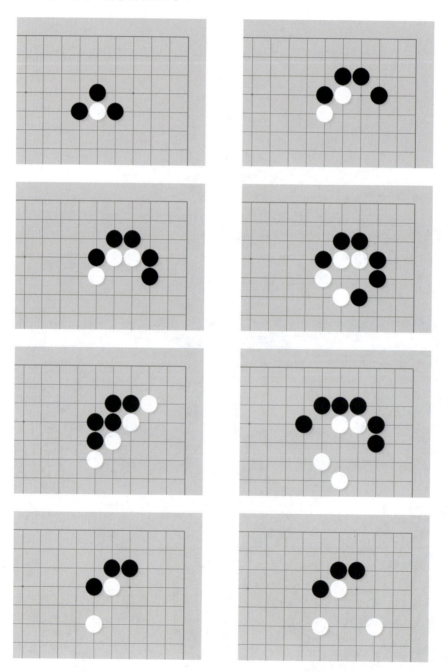

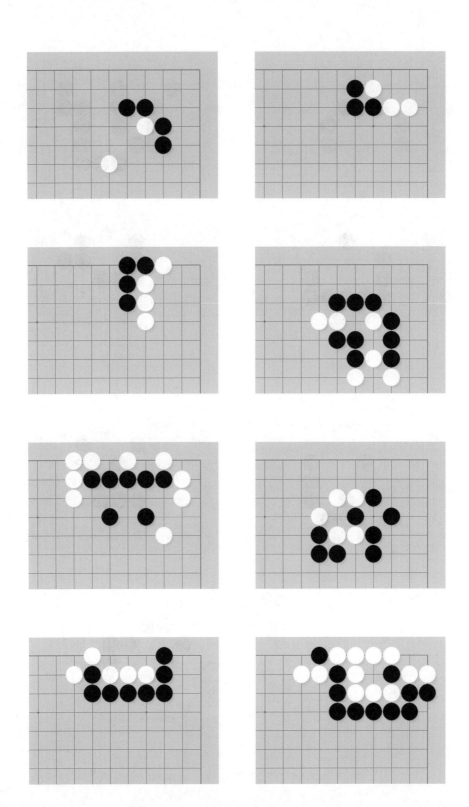

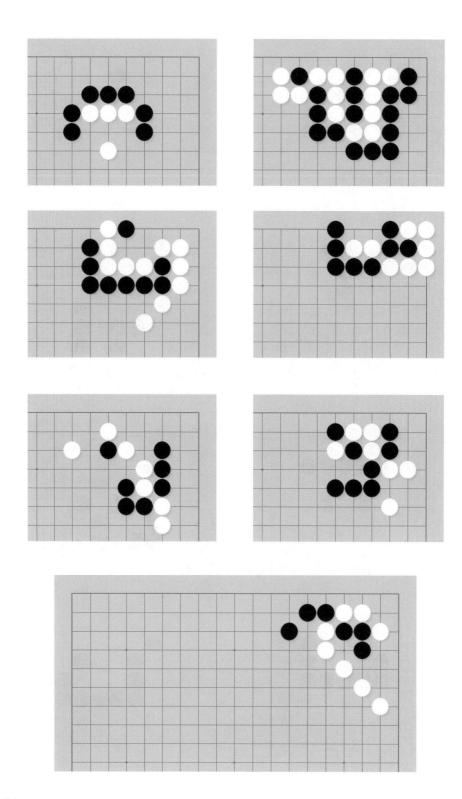

2.1 有哪些紧气吃子的巧妙方法?

吃子的目的是让对方棋子没有气,所以最简单和直观的方法就是紧气。但不是每一种紧气都能成功实现吃子的最终目的,当对方可以向空旷地区逃跑时,或者有棋子接应,吃子可能会失败。要想吃子成功,除了紧气外,还要做到围堵,或把对方逼向狭窄之处,或把对方和接应的棋子隔绝。总之,我们在接触对方的过程中形成吃子,就称为"接触吃子法"。

2.1.1 提吃(18K)

如图 2-1,当对方的棋只有 1 气时,下在这口气上将对方棋子吃掉的方法,就是"提吃"。

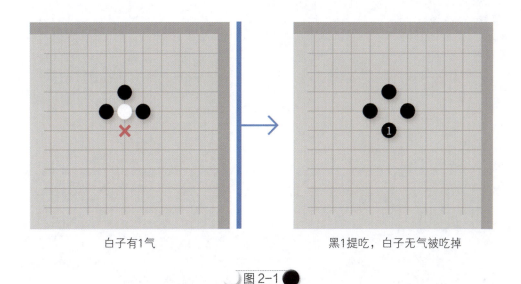

白子有1气　　　　　　　黑1提吃,白子无气被吃掉

图 2-1

2.1.2　抱吃（17K）

如图2-2，当对方的棋有2气时，下在阻止对方与外围连接的气上，并将对方棋子抱在自己包围圈中的吃子方法，称为"抱吃"。

2.1.3　门吃（17K）

如图2-3，当对方的棋有2气时，下在阻止对方与外围连接的气上，形成门的形状，将对方困在内部的吃子方法，称为"门吃"。

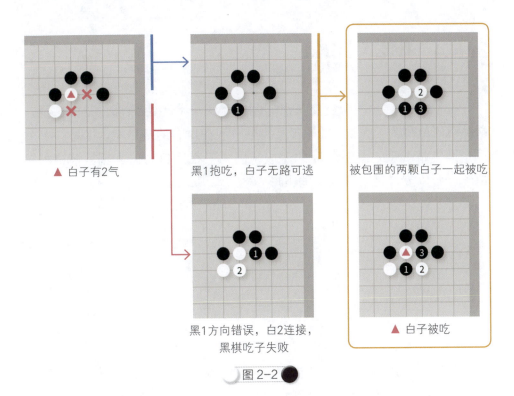

图 2-2

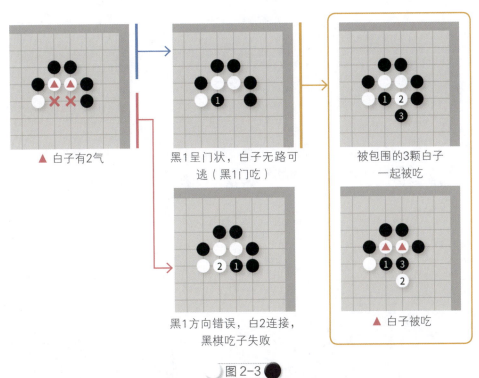

图 2-3

2.1.4 扑吃（16K）

如图2-4，当一个空交叉点周围除了某一个点之外都被一方占据，这种棋形就称为"虎口"。将自己的棋子下在对方的虎口中，称为"扑"。

通常情况下，扑是送死的手段，因为下在虎口对方立刻就能提掉这颗子。所以虎口是安全连接的棋形。

如图2-5，当对方有2气，并通过虎口与其他棋子连接，己方利用扑可以吃掉对方棋子的方法就称为"扑吃"，也称为"倒扑"。

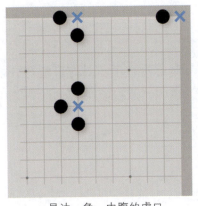
× 是边、角、中腹的虎口

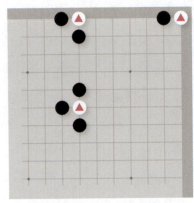
▲ 白子在边、角、中腹的扑

图 2-4

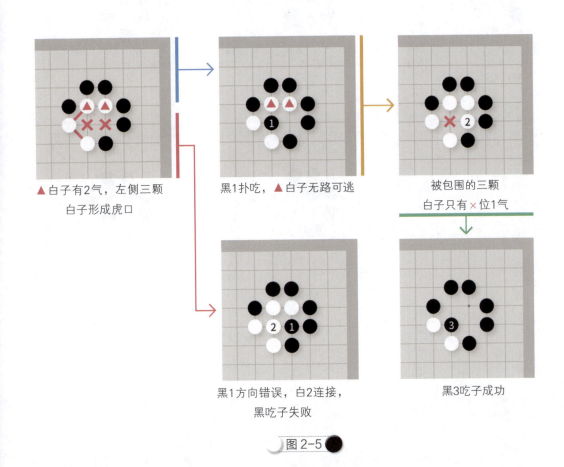

▲白子有2气，左侧三颗白子形成虎口

黑1扑吃，▲白子无路可逃

被包围的三颗白子只有×位1气

黑1方向错误，白2连接，黑吃子失败

黑3吃子成功

图 2-5

2.1.5 双吃（16K）

如图 2-6，一手棋如果可以同时打吃对方两块棋，对方只能将一块连回，另一块必然被吃，这就是"双吃"，也叫"双打吃"或"双叫吃"。

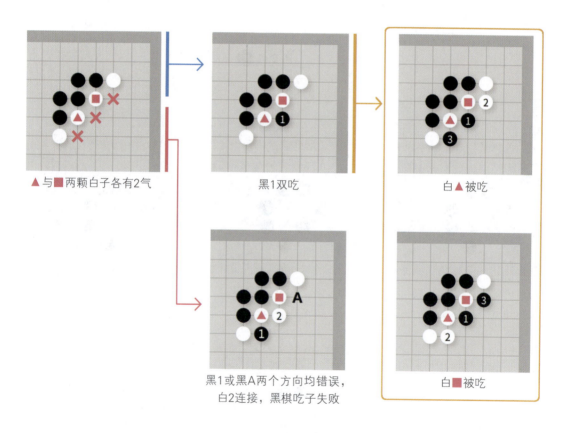

图 2-6

2.1.6 夹吃（16K）

如图2-7，己方棋子与对方棋子直接接触，形成半包围状态，己方强，对方棋子气紧，己方利用紧紧夹住对方的手段，将对方棋子牢牢控制住吃掉的吃子方法，就是"夹吃"。

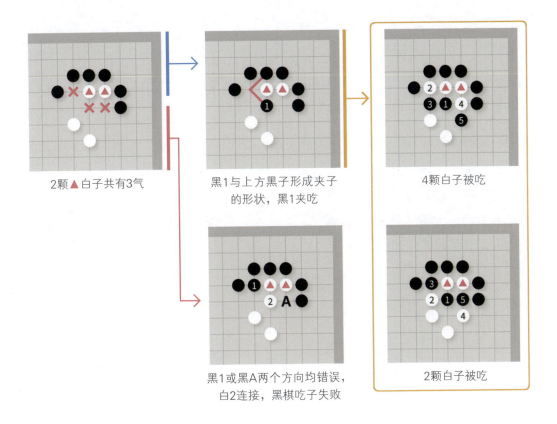

2颗▲白子共有3气

黑1与上方黑子形成夹子的形状，黑1夹吃

4颗白子被吃

黑1或黑A两个方向均错误，白2连接，黑棋吃子失败

2颗白子被吃

图2-7

2.1.7 征吃（15K）

如图 2-8，当对方有 2 气，己方通过不断改变打吃方向，使对方始终保持 1 气的状态，直到对方最终无法再延气而被吃掉的吃子方法就是"征吃"，也称为"扭羊头"。

如图 2-9，征吃时，当对方连接到自己的棋子使气超过 2 气，则征吃失败，这颗接应的棋子称为引征子。当对方的棋子被征吃，其在可以接应的地方下子就是"引征"。只有在对方没有引征子的情况下，己方的征子手段才能成功。

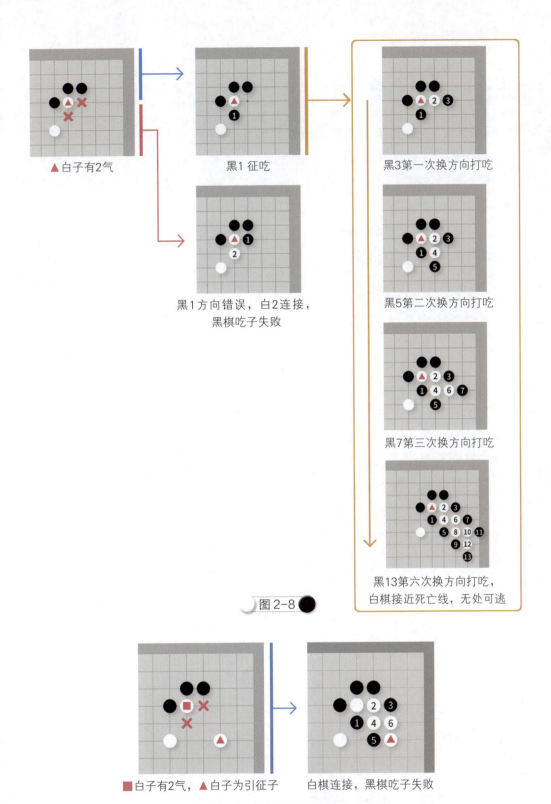

图 2-8

图 2-9

2.2 有什么不用紧气的吃子方法？

接触吃子法的两个要素是紧气和围堵。当紧气的一手棋不能同时围堵的时候，接触吃子法就不起作用了。这种情况下，可以先完成围堵的任务，将对方棋子包围起来，即使不紧气，对方的棋子最终也逃脱不了被吃的命运。

不紧气但是形成包围圈阻止对方逃跑的吃子方法就是包围吃子法。最基本的包围吃子法就是枷吃。

枷吃（15K）

如图2-10，己方棋子与对方棋子直接接触，形成半包围状态，己方强，对方棋子气紧，己方利用跳、飞等手段，不直接紧对方的气，而是将对方棋子控制在己方包围圈中无法逃脱，从而吃掉对方棋子的方法，就是"枷吃"。

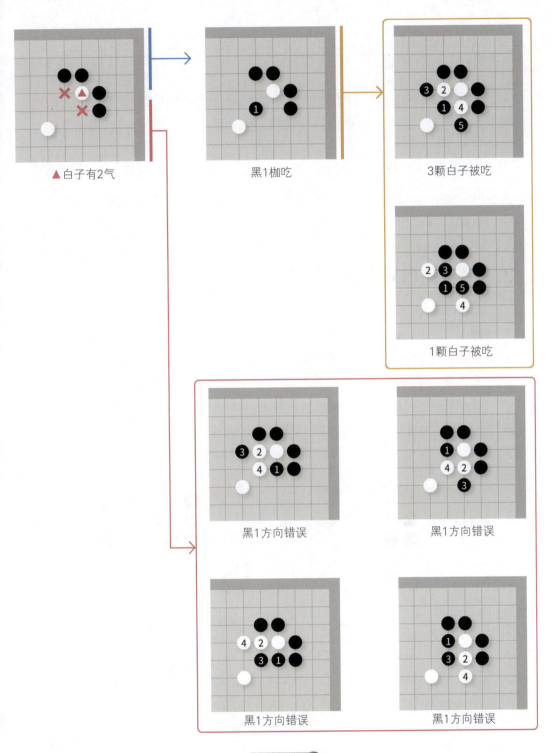

图 2-10

2.3 为什么说棋盘的边界是死亡线?

前文已经讲过,棋盘的边就像四面城墙,一线的子会比其他地方的棋子少1气,所以一线也被称为死亡线。利用死亡线吃子的方法,称为"边缘吃子法"。

边缘吃子法有两种形式,一种是将对方棋子从二线逼向一线,撞墙后被吃,即逼向死亡线;另一种是将对方棋子沿着一线逼向角落后吃掉,即沿着死亡线。

2.3.1 逼向死亡线(16K)

图2-11中,▲白子有2气,在二线上,靠近死亡线。黑1在二线上打吃,将白子逼向死亡线,白2只能在死亡线上长出。由于被死亡线堵住1气,长出后白棋仍然只有2气,黑3只要继续打吃白棋,白棋就无路可逃了。

这种将对方逼向死亡线的吃子方法,本质上是接触吃子法。进行至黑3,形成的棋形正是有一条死亡线帮助的门吃。

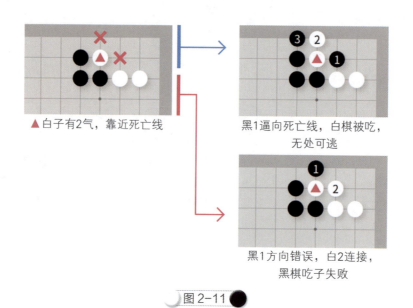

▲白子有2气,靠近死亡线

黑1逼向死亡线,白棋被吃,无处可逃

黑1方向错误,白2连接,黑棋吃子失败

图2-11

2.3.2 沿着死亡线（15K）

图 2-12 中，▲白子有 2 气，在死亡线上。黑 1 在二线上打吃，白 2 长出后，黑 3 像按住白棋的头一样，继续在二线上打吃，将白棋牢牢按在死亡线上，直到它撞上一·一点。

这种沿着死亡线吃子的方法，本质上也是接触吃子法。进行至黑 3，形成的棋形是有两条死亡线帮助的抱吃。

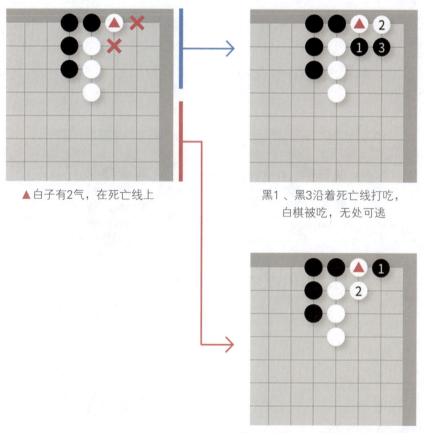

▲白子有2气，在死亡线上

黑1、黑3沿着死亡线打吃，白棋被吃，无处可逃

黑1向远离死亡线的方向打吃白棋，白2连接，黑棋吃子失败

图 2-12

2.4 如何让对方的棋子陷入包围圈而无法逃走？

当你的棋子形成完整的包围圈没有缺口时，对方被你包围的棋子就无法逃脱被吃的命运。

做出让对方跑不掉的包围圈的吃子方法，称为"围困吃子法"。

2.4.1 中间的接不归（16K）

白棋建立了连接却因为气紧、断点多不能安全连回家，就是"接不归"。

图 2-13 中，白棋在棋盘的中腹被黑棋包围形成的接不归就是中间的接不归。

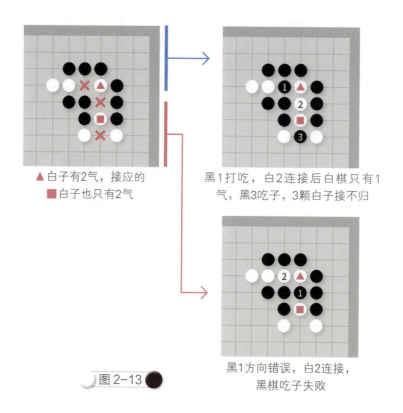

▲白子有2气，接应的
■白子也只有2气

黑1打吃，白2连接后白棋只有1气，黑3吃子，3颗白子接不归

黑1方向错误，白2连接，黑棋吃子失败

图 2-13

2.4.2 边角的接不归（15K）

在边角的帮助下，使对方不能安全接回家，就是边角的接不归，如图 2-14。

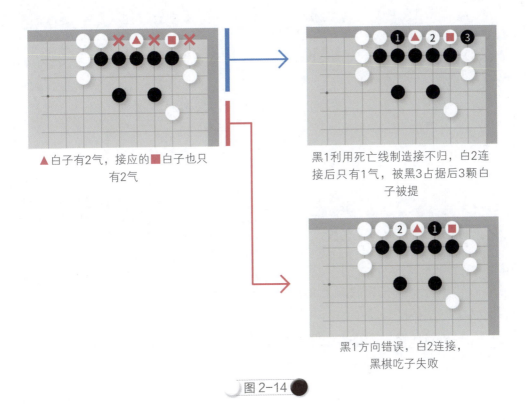

▲白子有2气，接应的■白子也只有2气

黑1利用死亡线制造接不归，白2连接后只有1气，被黑3占据后3颗白子被提

黑1方向错误，白2连接，黑棋吃子失败

图 2-14

2.5 常用吃子思维

前面 4 节中提到的基本吃子方法，可以解决简单棋形的吃子问题。当棋形变复杂的时候，需要结合技巧性的吃子思维才能成功。

常用的吃子思维，包括不入气和弃子，可以利用棋形特点，在局部制造对方无法应对的情形，然后与基本吃子方法结合，达到吃子的目的。

2.5.1 不入气（14K）

一方下在某点后，发现自己只有 1 气，会被对方提掉，这一点就称为"不入气的点"，简称"不入气"，如图 2-15。

2.5.2 弃子（13K）

弃子是一方先牺牲自己的一些棋子，然后利用棋形特点，将对方反吃的技巧。扑是最简单的例子，如图 2-16。

弃子战术可以和许多吃子技巧结合，达到吃掉对方的目的。

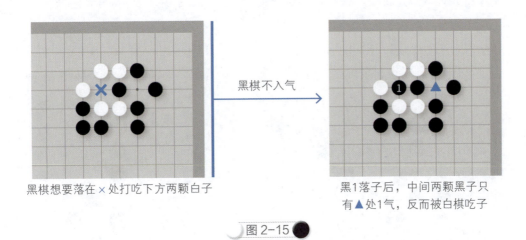

图 2-15

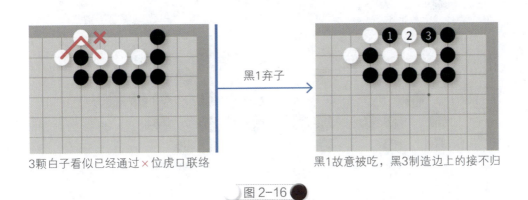

图 2-16

精彩对局

图 2-17 是 2017 年中国围棋甲级联赛（简称"围甲"）第 7 轮时越执黑对阵朴永训的一局棋，这局棋充分展示出了弃子战术的精妙。

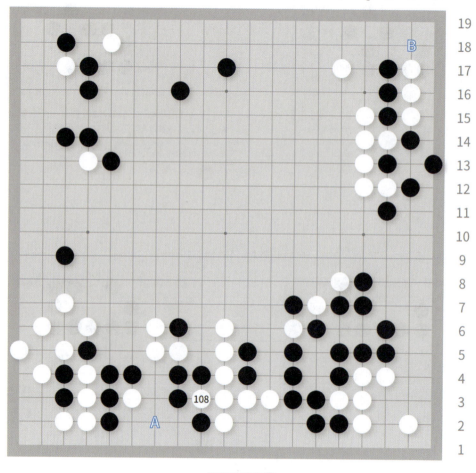

图 2-17

当前局面的焦点是左下角黑棋的死活问题。黑 A 位虎准备打劫是局部唯一的求生之法，然后再下 B，跟白棋拼劫材。白 108 看起来是必然的一手，然而时越却下出了一个石破天惊的构思！

如图 2-18，我们来看 AI 的分析：AI 认为，虎虽然有 80% 的胜率，但仍不是该局面下的正解，黑棋在 J1 路立才是最佳一手。

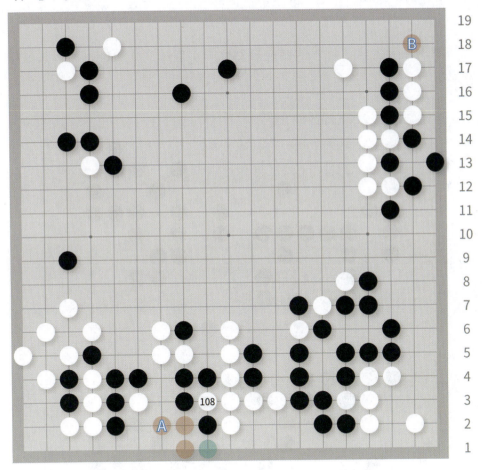

AI 的计算胜率结果——J1:88%/G2（A点）:80%/H2:40%/H1:27%

图 2-18

实战中时越确实也下出了黑 1 立这反常的一手，图 2-19 中白 2、4、6 是局部杀棋妙手，下至白 8，黑棋局部形成刀把五，净死（见第三章详细说明）。

然而时越此时才开始执行自己的惊天大计，图 2-20 中黑 1、3、5 图穷匕见。因为黑棋这条死龙气非常长，白棋没有杀气的可能，只得赶紧向外逃窜，黑棋一连串的先手追击获得一道外势之后，黑再在图 2-17 中 B 位开劫，又是绝佳时机。判断一下形势，可以发现黑棋已然胜券在握了。

案例展示的弃子战术的结果显然比黑 1 虎的变化更佳，可以说是精彩至极。

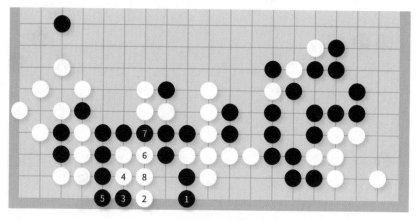

图 2-19

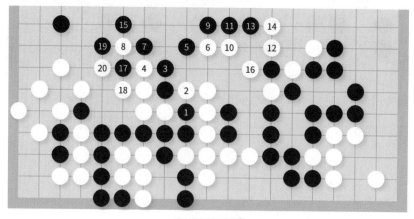

图 2-20

2.6 有哪些名字有趣的经典吃子方法?

通过将吃子方法和吃子思维结合,前人总结了具有典型特点的吃子棋形,给出具体的吃子手段,起了形象贴切的名字。这类方法是经典吃子方法。

最常见的经典吃子方法有八种:双倒扑、乌龟不出头、金鸡独立、老鼠偷油、倒脱靴、相思断、滚打包收和大头鬼。

2.6.1 双倒扑(12K)

"双倒扑"是两个扑吃的结合,下一颗棋子形成两个倒扑,对方没有一下破解的办法,如图2-21。

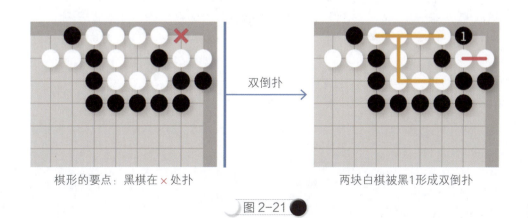

棋形的要点:黑棋在×处扑　　　　两块白棋被黑1形成双倒扑

图 2-21

2.6.2 乌龟不出头（12K）

弃子与接不归结合的吃子方法，因为被吃掉的棋子形状像乌龟，无法出头，因此称为"乌龟不出头"，如图2-22。

2.6.3 金鸡独立（11K）

金鸡独立是两个不入气的结合，如图2-23，黑方中央棋子立在死亡线，像一只单腿站立的鸡，因此称为"金鸡独立"。

2.6.4 老鼠偷油（11K）

老鼠偷油是两个不入气的结合。如图2-24，白棋被黑棋断后，两边都不入气，白子就像老鼠的形状，想要吃掉黑子，反而被黑棋吃掉，就像贪心偷吃香油的老鼠，最终掉进油桶无法爬出，称为"老鼠偷油"。

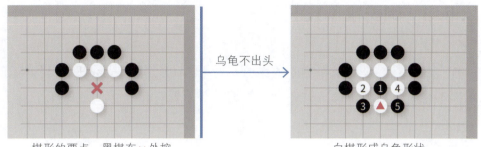

图 2-22

棋形的要点：黑棋在 × 处挖 → 乌龟不出头 → 白棋形成乌龟形状，连接白▲后只有1气，连接失败

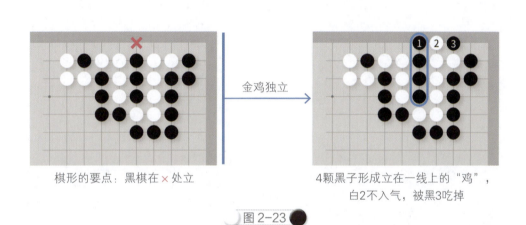

图 2-23

棋形的要点：黑棋在 × 处立 → 金鸡独立 → 4颗黑子形成立在一线上的"鸡"，白2不入气，被黑3吃掉

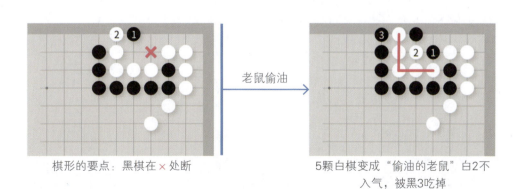

图 2-24

棋形的要点：黑棋在 × 处断 → 老鼠偷油 → 5颗白棋变成"偷油的老鼠"白2不入气，被黑3吃掉

2.6.5　倒脱靴（10K）

"倒脱靴"是弃子和抱吃的结合。如图 2-25，黑棋先弃子，再抱吃。黑棋的棋子形状就像倒放的靴子，也有说被反吃的棋子像倒放的靴子。

2.6.6　相思断（9K）

如图 2-26，黑棋利用白棋气紧的缺陷，通过扭断和挤的手段使白棋因断点多而接不归，白棋只能与同伴相望却无法逃回，因此称为"相思断"。

2.6.7　滚打包收（8K）

"滚打包收"是弃子和征吃的结合。如图 2-27，黑棋通过弃子打吃白棋，再利用征吃，使白棋保持 1 气的状态，最终吃掉对方。

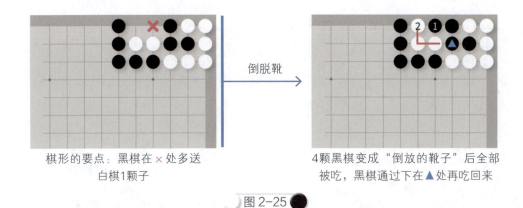

棋形的要点：黑棋在×处多送白棋1颗子

倒脱靴

4颗黑棋变成"倒放的靴子"后全部被吃，黑棋通过下在▲处再吃回来

◗ 图2-25 ●

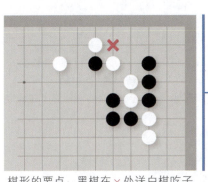

棋形的要点：黑棋在×处送白棋吃子

相思断

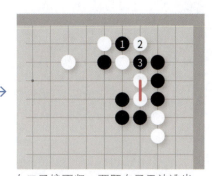

白二子接不归，两颗白子无法逃出，与其他白子"相思而不见"

◗ 图2-26 ●

棋形的要点：黑棋不连回被打吃的▲黑子，反而在×处打吃白子

滚打包收

④ = ▲

黑1、黑3、黑5滚打包收，把白棋围住吃掉

◗ 图2-27 ●

2.6.8 大头鬼（7K）

利用弃子和滚打包收，让对方形成秤砣或头重脚轻的形状，称为"秤砣"或"大头鬼"，如图2-28。

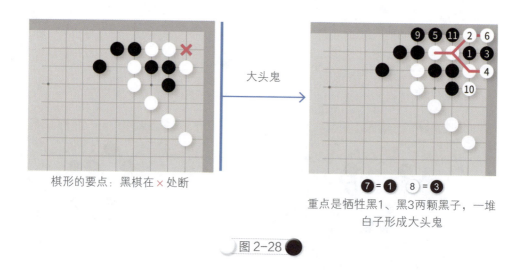

图 2-28

2.7 技能树

我们已经学完了第2章，表2-1为本章所学的技能，来看一看你是否已经掌握了它们。

表 2-1　吃子技能树

技能类别	技能名称	技能描述	难度分类	围棋等级	是否掌握
基本吃子方法	提吃	掌握"提"的下法 掌握"提吃"的手段	A	18K	
	抱吃	掌握"抱吃"的手段	A	17K	
	门吃	掌握"门吃"的手段	A	17K	
	扑吃	了解"虎口"的特点 掌握"扑"的下法 掌握"扑吃"的手段	A	16K	
	双吃	掌握"双吃"的手段	A	16K	
	夹吃	掌握"夹吃"的手段	A	16K	
	征吃	掌握"征吃"的手段	A	15K	
	枷吃	掌握"枷吃"的手段	A	15K	
	逼向死亡线	了解"死亡线"的特点 掌握"逼向死亡线"的吃子方向	A	16K	
	沿着死亡线	掌握"沿着死亡线"的吃子方向	A	15K	
	中间的接不归	了解"接不归"的特点 掌握在中腹"利用接不归吃子"的技巧	A	16K	
	边角的接不归	掌握在边角"利用接不归吃子"的技巧	A	15K	
常用吃子思维	不入气	了解"不入气"的特点	B	14K	
	弃子	了解"弃子"的目的和作用	B	13K	
经典吃子方法	双倒扑	灵活运用"扑吃"的手段 掌握"双倒扑"的手段	B	12K	
	乌龟不出头	灵活运用"弃子"的思维 灵活运用"利用接不归吃子"的手段 掌握"乌龟不出头"的手段	B	12K	
	金鸡独立	灵活运用"不入气"的思维 掌握"金鸡独立"的手段	B	11K	
	老鼠偷油	灵活运用"不入气"的思维 掌握"老鼠偷油"的手段	B	11K	
	倒脱靴	灵活运用"弃子"的思维 灵活运用"抱吃"的手段 掌握"倒脱靴"的手段	B	10K	
	相思断	灵活运用"弃子"的思维 灵活运用"枷吃"的手段 灵活运用"利用接不归吃子"的手段 掌握"相思断"的手段	B	9K	
	滚打包收	灵活运用"弃子"的思维 灵活运用"征吃"的手段 掌握"滚打包收"的手段	B	8K	
	大头鬼	灵活运用"弃子"的思维 灵活运用"滚打包收"的手段 掌握"大头鬼"的手段	B	7K	

题目速览

以下哪只是真眼,哪只是假眼?

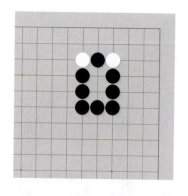
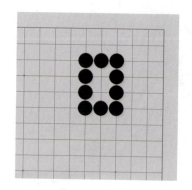

以下哪些黑棋是活棋,哪些需要补一手?

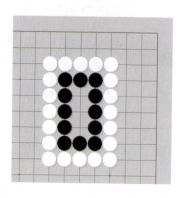
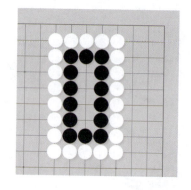
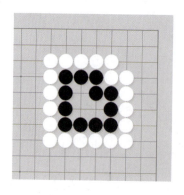
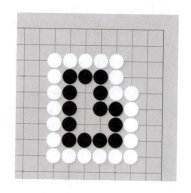

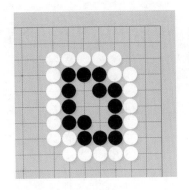
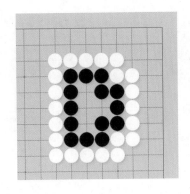
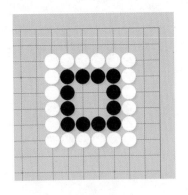
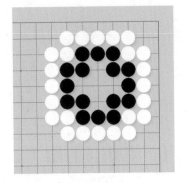
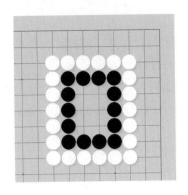
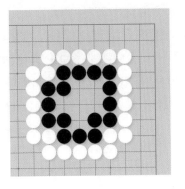

3.1 什么样的棋形才能保证自身永远是活的？

前文我们已经讲过基本死活问题和眼。笔者总结了真眼、假眼的不同特点。

3.1.1 真眼与假眼（17K）

当一个空交叉点周围的所有相邻交叉点都被同一方的棋子占据时，这个点称为这一方的"眼"。

如果这只眼不够坚固，周围的棋子中的一部分可能被对方提吃，这只眼是一只"假眼"；如果这只眼足够坚固，周围的棋子连成了一个整体，这只眼是一只"真眼"。如果一手棋能够为自己做成一只真眼，这手棋称为"做眼"；如果一手棋能够破坏对方的眼，这手棋称为"破眼"。

图 3-1 分别展示了角、边和中腹位置的真眼、假眼及破眼的方法。

- 角

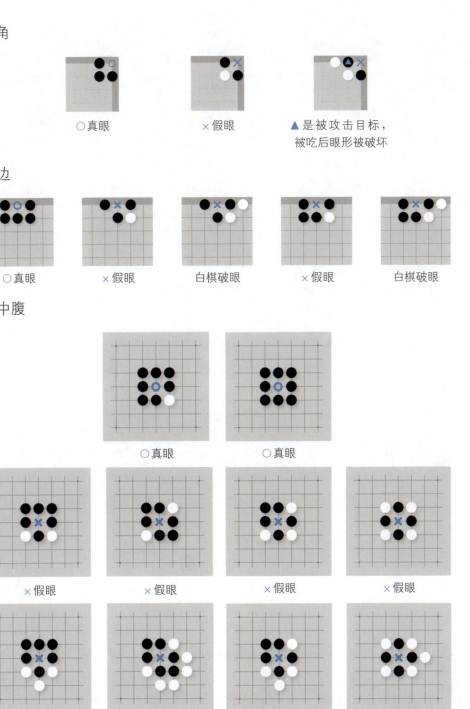

图 3-1

69

不同位置的真眼和假眼具有不同的特点，具体如图 3-2 所示。

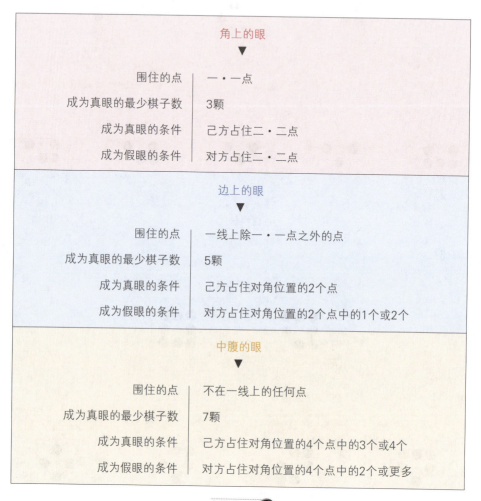

图 3-2

所有的假眼，都有一个共同的特点：围住眼的棋子没有彼此连接，都被分成了至少两块棋，要想重新连成一块棋，就必须下在眼的位置上，否则就会被对方打吃后提吃。无论是否连回，眼的形状都不复存在。图 3-1 中同时也给出了一些破坏假眼的实例。

为了能够快速地判断眼的真假，有 3 种方便快捷的方法，如图 3-3 所示。

三五七法

判断要素	眼周围的棋子数量
现象	1.围成角上的真眼需要至少3颗棋子 2.围成边上的真眼需要至少5颗棋子 3.围成中腹的真眼需要至少7颗棋子
步骤	1.判断眼的位置在角上、边上还是中腹 2.判断围住眼的棋子数量是否满足成为真眼的要求，满足为真眼，不满足为假眼

夹子法

判断要素	对方占据对角位置的棋子的形状
现象	1.角上的假眼会被对方的棋子和两侧的棋盘边缘"夹"住 2.边上的假眼会被对方的棋子和一侧的棋盘边缘"夹"住 3.中腹的假眼会被对方在同一侧或对角位置上的棋子"夹"住
步骤	判断这只眼是否在某一个方向被对方棋子"夹"住，或者被对方棋子和死亡线合力"夹"住，没有被"夹"住为真眼，被"夹"住为假眼

连接法

判断要素	围住眼的棋子的块数
现象	1.围住真眼的棋子彼此连成一块棋（对方的禁入点可看作自己的棋子） 2.围住假眼的棋子分成至少两块棋
步骤	判断围住眼的棋子共有几块，一块为真眼，多于一块为假眼

图 3-3

三五七法和夹子法虽然快捷，但有例外"盘龙眼"的存在，将在后文中介绍。连接法在所有情况下都很准确。只要能够准确判断眼的真假，3 种方法可以随意选择。

3.1.2 死棋与活棋（15K）

能够在棋盘上永久生存的一块棋，对方无论连下多少手棋，都不能将它变成没有气的状态，也就不能吃掉它，这块棋称为"活棋"；被包围后不能永久生存的棋称为"死棋"。

围成一只真眼的棋子能够生死与共，即使全部被围，眼的形状仍然完整。当这块棋多于1气时，围住的空交叉点始终是对方的禁入点。如果分别围成一只真眼的两块棋能够连成一块棋，即使被完全包围住，真眼位置的2气，对方也永远无法侵犯。拥有至少两只真眼的一块棋，可以在棋盘上永久生存。

图3-4展示了黑棋在角、边和中腹位置被包围时分别有一只真眼、一只真眼和一只假眼、两只真眼的情况。当黑棋只有一只真眼时，白棋下在真眼内可以提吃黑棋，黑棋是死棋。当黑棋有一只真眼和一只假眼时，白棋可以先破坏假眼，再下在真眼内提吃黑棋，黑棋是死棋。当黑棋有两只真眼时，由于真眼位置的2气都是白棋的禁入点，白棋永远不能使黑棋变为1气，也就不能变为0气，此时黑棋是活棋。

因此，我们可以得出结论：一块棋要想成为活棋，至少需要两只真眼，假眼的数量对一块棋的死活没有影响。

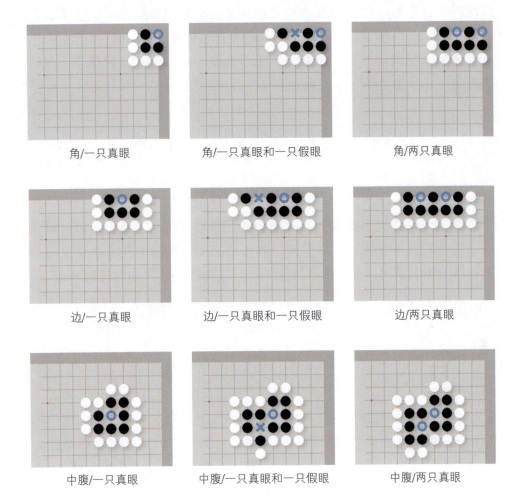

图 3-4

3.1.3 眼的推算（16K）

一块棋想成为活棋需要两只真眼。在实战对局中，眼的形成一般是一方围住多个点，随着对局进行逐渐变成一个点。当围住多个点，眼位未成形时，需要对局者推算眼的真假，然后根据推算结果决定下法。因为只有真眼决定死活，所以死活推算的是真眼数量。

推算真眼分为三步：一是黑棋先下真眼的数量；二是白棋先下真眼的数量；三是综合情况下，确定这个局面的后续走法。

● 半只真眼

图 3-5 中，黑棋围住了两个点，但一端被两颗白子夹住。黑先时，黑 1 接住，有一只真眼。白先时，白 1 扑，黑 2 即使提，黑棋也只有一只假眼，没有真眼。因此这个局面下，两者取平均，黑棋有半只真眼。

● 一只真眼

图 3-6 中，黑棋围住了两个点，两端没有被白子夹住。黑先时，黑 1 下在两点中的任何一点，都有一只真眼。白先时，白 1 扑，黑 2 提，黑棋有一只真眼。因此这个局面下，两者取平均，黑棋有一只真眼。

值得注意的是，图 3-5 中白先时的黑 2，图 3-6 中黑先时的黑 1 和白先时的白 1、黑 2，都没有实际改变真眼的数量。在一方被包围，真眼的数量关乎生死时，这些下法都是无用的。另外，在实战对局中，一方围住的点可能更多，情况也更复杂。对于眼的推算，直接记结论并不实用，掌握推算方法才是最重要的。

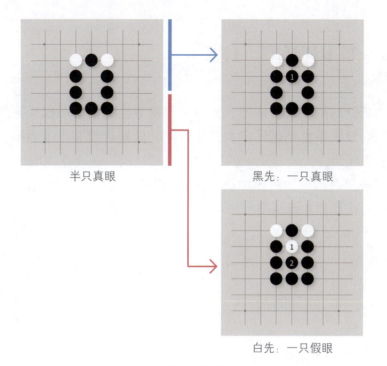

图 3-5

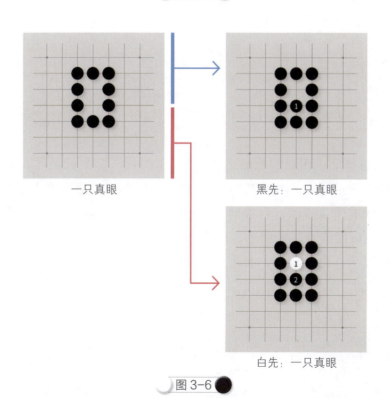

图 3-6

3.1.4 基本死活型（15K）

棋的死活对胜负的影响很大，为了让棋手提高推算局部和死活判断的能力，前辈棋手总结创作了大量死活题，做题者需要用眼的推算来确定这块棋的死活。

如果被包围的一方内部空间完整且具有明显特点，死活情况确定，这种死活题就是基本死活型，包括如下形式。

3.1.4.1 直二（17K）

图 3-7 中的黑棋棋形称为"直二"。

黑棋围住的 2 个交叉点连成一条直线。3.1.3 中我们已经得出结论，直二相当于一只真眼，不足两只，是死型。

3.1.4.2 直三（17K）

图 3-8 中的黑棋棋形称为"直三"。

黑棋围住的 3 个交叉点连成一条直线。黑先时，黑棋下在中间的要点上，能做成两只真眼。白先时，白棋下在中间的要点上，之后黑棋如果不下，白棋做成直二的棋形，黑棋也会变成直二。

黑先黑活，白先黑死，因此直三是不确定型。

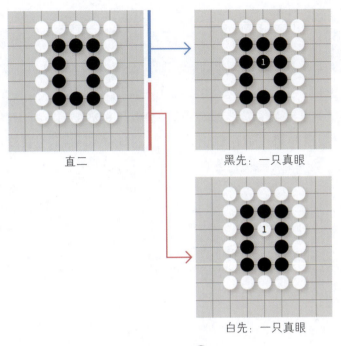

图 3-7

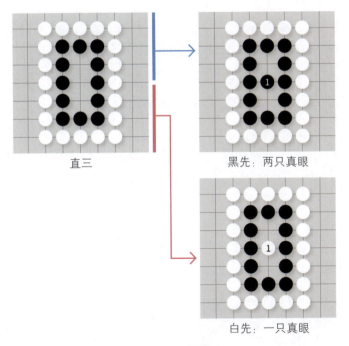

图 3-8

3.1.4.3　弯三（17K）

图3-9中的黑棋棋形称为"弯三"。

黑棋围住的3个交叉点，由直二向一侧弯曲，也称"曲三"。黑先时，黑棋下在中间的要点上，能做成两只真眼。白先时，白棋下在中间的要点上，之后黑棋如果不下，白棋做成直二的棋形，黑棋也会变成直二。

黑先黑活，白先黑死，因此弯三是不确定型。

3.1.4.4　直四（16K）

图3-10中的黑棋棋形称为"直四"。

直四中间的两个点，黑棋只要占据一个就能确保两只真眼。白先下，黑棋也可以做成两只真眼，因此直四是活型。

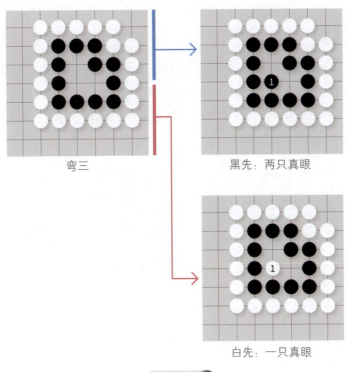

图 3-9

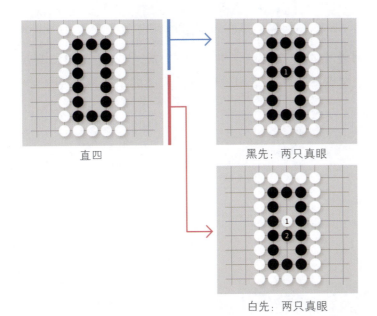

图 3-10

3.1.4.5　弯四（16K）

图 3-11 中的黑棋棋形称为"弯四"。

黑棋围住的 4 个交叉点，由直三的一个端点向一侧弯曲，也称"曲四"。与直四相似，弯四的两个端点就是两只真眼的位置，因此弯四是活型。

3.1.4.6　闪电四（16K）

图 3-12 中的黑棋棋形称为"闪电四"。

黑棋围住的 4 个交叉点，构成闪电的形状。与直四和弯四相似，闪电四的 2 个端点就是两只真眼的位置，因此闪电四是活型。

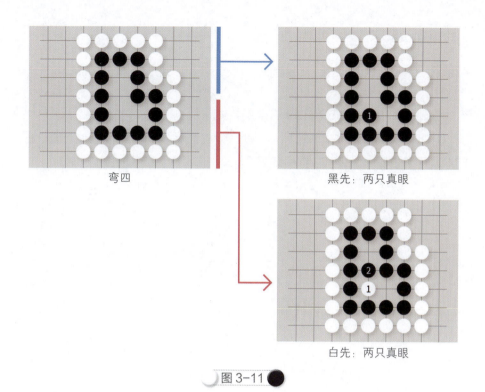

图 3-11

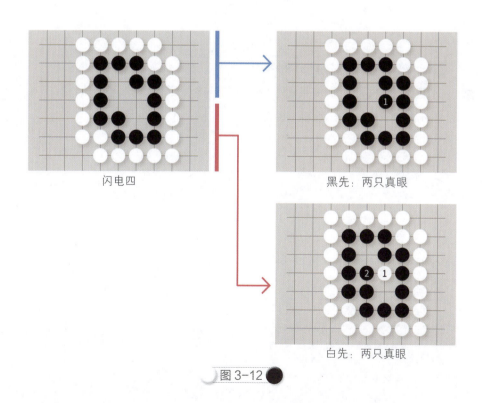

图 3-12

3.1.4.7　丁四（16K）

图 3-13 中黑棋棋形称为"丁四"。

丁四的关键点是中间的点,这也是决定死活的要点。所以谁先占据谁就掌握了主动权。丁四是不确定型。

3.1.4.8　方四（16K）

图 3-14 中的黑棋棋形称为"方四"。

方四没有一下做成两只眼的潜力,无论先下后下都不能活棋。因此,方四是死型。

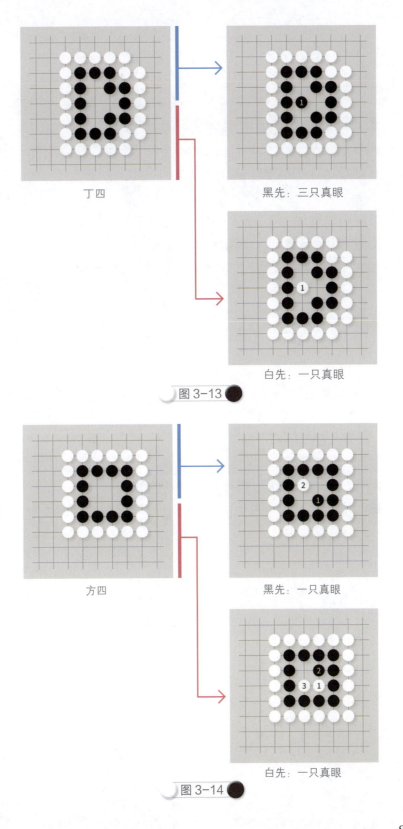

图 3-13

图 3-14

3.1.4.9　刀把五（15K）

图 3-15 中的黑棋棋形称为"刀把五"。

黑棋围住的 5 个交叉点，由一个方四加一个端点组成。方四的区域有一只真眼，端点是做成第二只真眼的希望。

黑先时，下在端点旁，将内部区域分为一只真眼和一个弯三。根据眼的推算可以得出，弯三是一只半真眼，因此黑棋有两只半真眼。白先时，端点不能独立做成真眼，黑棋只有一只真眼。

黑先黑活，白先黑死，因此刀把五是不确定型。

3.1.4.10　梅花五（15K）

图 3-16 中的黑棋棋形称为"梅花五"。

中间的点是要点，谁先占据谁就掌握主动权。梅花五是不确定型。

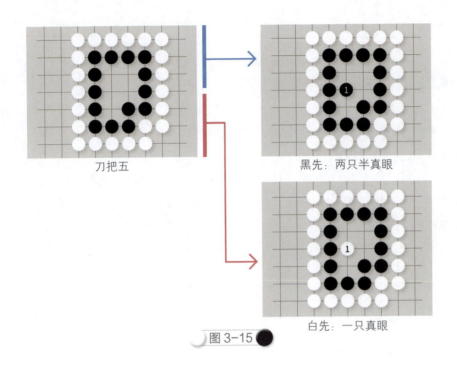

图 3-15

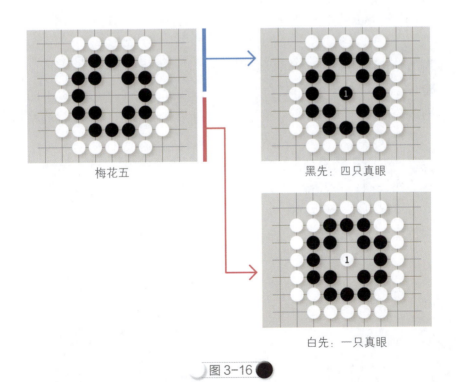

图 3-16

3.1.4.11　板六（15K）

图3-17中的黑棋棋形称为"板六"。

黑棋围住的6个交叉点，由两个并排的直三构成。与直三相似，两侧的两组点是做出真眼的位置，中间的两个点可以将两组点分开，黑棋只要占据其中一个就可以达到目的。

黑先时，在中间的两个点中选择一个，黑棋有两只真眼。白先时，白棋在中间的两个点中选择，黑棋占住另一个，黑棋仍然有两只真眼。因此板六是活型。

3.1.4.12　葡萄六（15K）

图3-18中的黑棋棋形称为"葡萄六"。

黑棋围住的6个交叉点，由一个方四加上其中的一个点引出的两个端点形成。方四的区域有一只真眼，两个端点是做成第二只真眼的希望，这两个端点通过同一个要点与其他点连接。

黑先时，下在要点上，将内部区域分为两只真眼和一个弯三，有3.5个真眼。白先时，下在要点上，可以一下将2个端点处的真眼形状全部破坏，令黑棋只有一只真眼。

黑先黑活，白先黑死，因此葡萄六是不确定型。

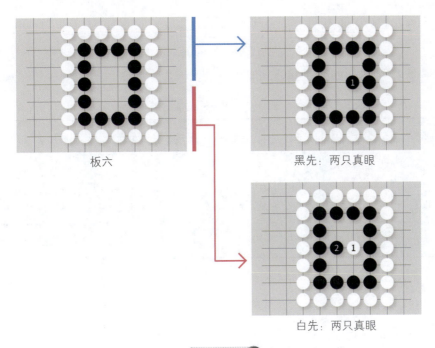

图 3-17

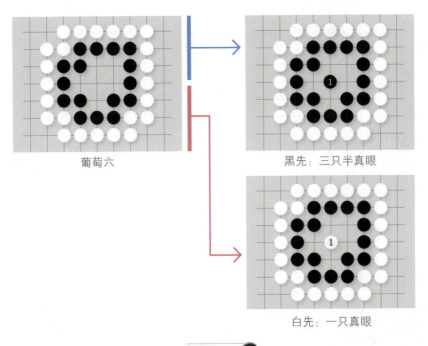

图 3-18

87

3.1.4.13 基本死活型的死活情况

基本死活型的死活情况如表 3-1 所示。

表 3-1 基本死活型分类

名称	分类	名称	分类	名称	分类	名称	分类
直二	死型	弯三	不确定型	丁四	不确定型	梅花五	不确定型
直三	不确定型	弯四	活型	方四	死型	板六	活型
直四	活型	闪电四	活型	刀把五	不确定型	葡萄六	不确定型

题目速览

黑先,如何做活?

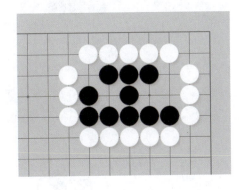

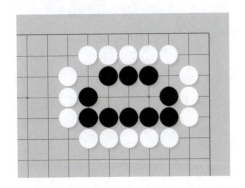

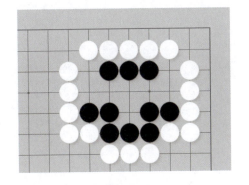

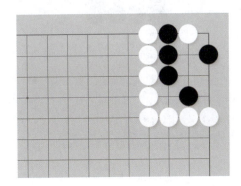

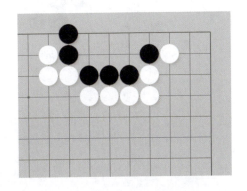

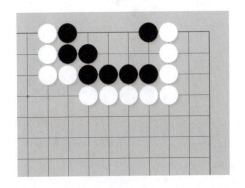

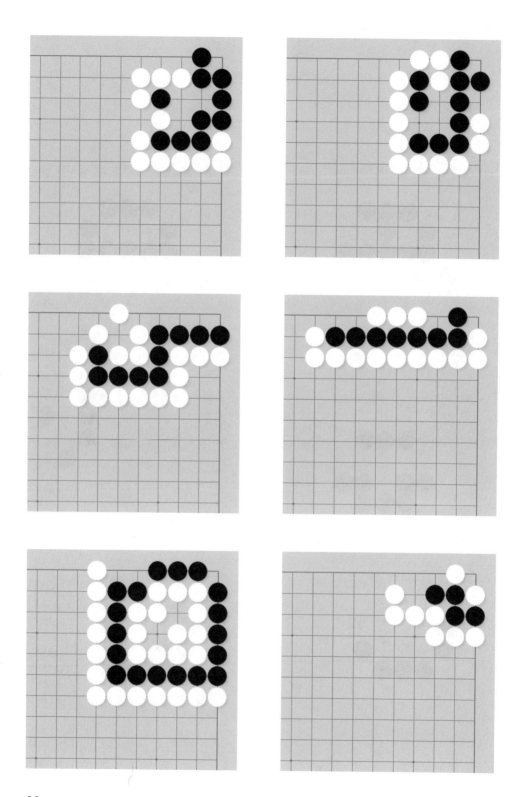

3.2 如何做活一块棋?

当己方的棋被对方包围,需要给这块棋做两只真眼来活棋。做活的关键是找到做成真眼的潜在空间。

做活一般有五种技巧:

小型内部空间、大型内部空间、找对方棋形的弱点、角部的特殊性、特殊活型。

3.2.1 小型内部空间

对于空间较小的做活,主要思路是做成两只真眼,占据能够做成两只真眼的要点。分为以下三类。

3.2.1.1 做眼1+1型(14K)

如图3-19,当一块棋已经有一只真眼,只要做成第二只就可以活棋。

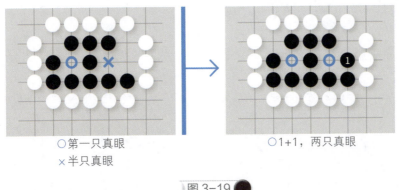

○第一只真眼
×半只真眼

○1+1,两只真眼

图 3-19

3.2.1.2 做眼1×2型（14K）

如图3-20，当一块棋有一只大眼，可以把大眼划分为两只真眼做活。

3.2.1.3 三眼两做型（13K）

一手棋可以做成一只真眼和两只"半真眼"时，白棋破掉其中一个，黑棋可以做出另一只真眼达到做活的目的。而这种两个关键点至少占到一个的情况，称为"两点必得其一"，也称为"见合"。制造见合是做活和杀棋的经典技巧，如图3-21。

3.2.2 大型内部空间

对于大型内部空间的死活问题，有两种策略：外部扩张的策略即为扩大眼位法，内部分割的策略即为划分空间法。

3.2.2.1 扩大眼位法（12K）

即通过增加内部空间，来达到空间内可以做成两只真眼的方法，如图3-22。

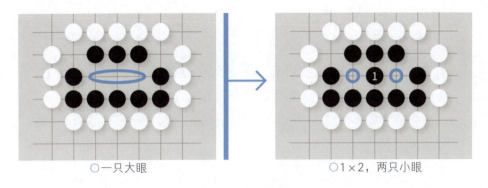

图 3-20

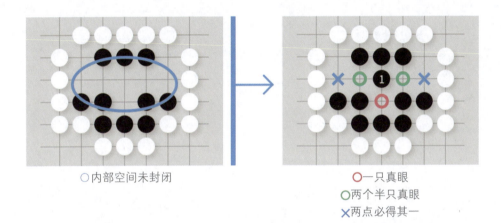

图 3-21

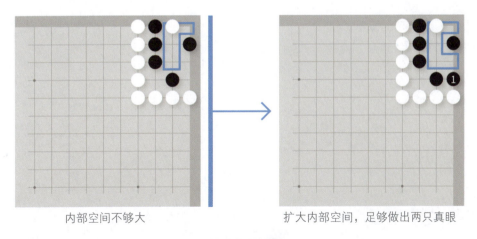

图 3-22

3.2.2.2 构造基本活型（12K）

当扩大眼位法能够构造出死活基本型中的活型时，这种做活方法称为"构造基本活型法"。构造基本活型法是扩大眼位法的一种。

图3-23中，黑1立，做成板六的形状。板六是基本活型，黑棋因此成为活棋。

3.2.2.3 划分空间法（11K）

通过划分空间的手段，让内部空间分成两只真眼，如图3-24。

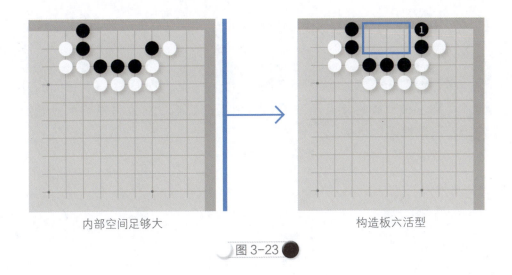

内部空间足够大　　　　构造板六活型

图 3-23

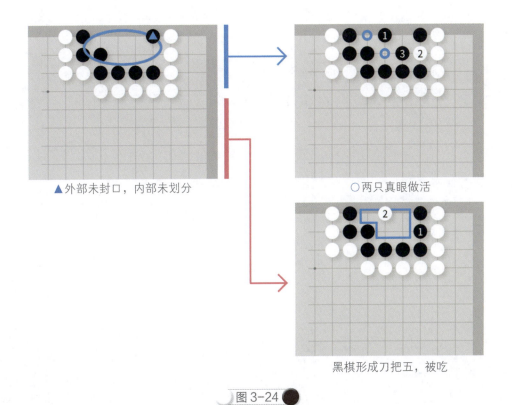

▲外部未封口，内部未划分　　　○两只真眼做活

黑棋形成刀把五，被吃

图 3-24

3.2.3 找对方棋形的弱点

做活时对方的棋形弱点有不入气、先手威胁和吃子手筋。它们的共同点是棋形在气和连接上有缺陷,利用这些缺陷令对方杀棋的手段无法使出,达到做活的目的。

3.2.3.1 不入气(9K)

前文提到不入气是对方不能落子的点,所以做活时如果对方不入气,这个点就变成不能被破坏的真眼,如图 3-25。

3.2.3.2 先手威胁(8K)

如果一手棋对方必须回应,不回应就要被惩罚,这手棋称为"先手";如果对方无需立即回应,就是"后手"。

做活中可以利用威胁对方的先手,达到做活的目的,如图 3-26。

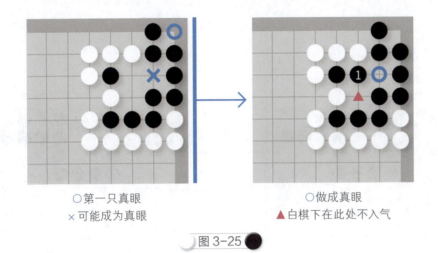

○第一只真眼　　　　　　　　○做成真眼
× 可能成为真眼　　　　　　　▲白棋下在此处不入气

图 3-25

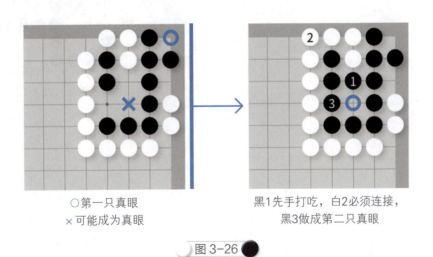

○第一只真眼　　　　　　　　黑1先手打吃，白2必须连接，
× 可能成为真眼　　　　　　　黑3做成第二只真眼

图 3-26

3.2.3.3 吃子手筋（7K）

当吃子能够获得真眼时，可以利用吃子手筋或先手威胁来做活，如图 3-27。

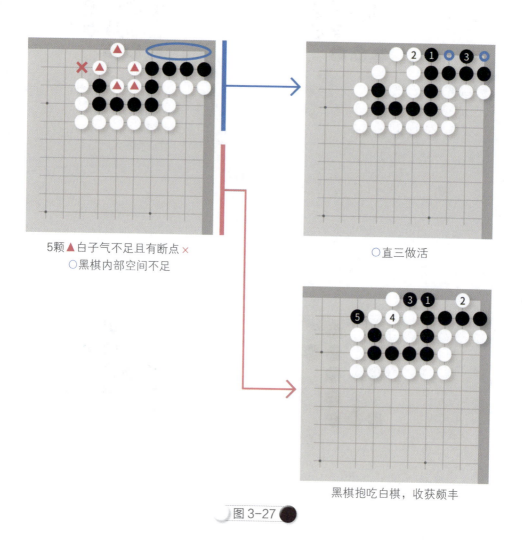

图 3-27

3.2.4 角部的特殊性

角部一·一这个点只需要两个棋子就可以围住,所以抢先围住一·一就更容易做活,这就是角部的特殊性,如图3-28。

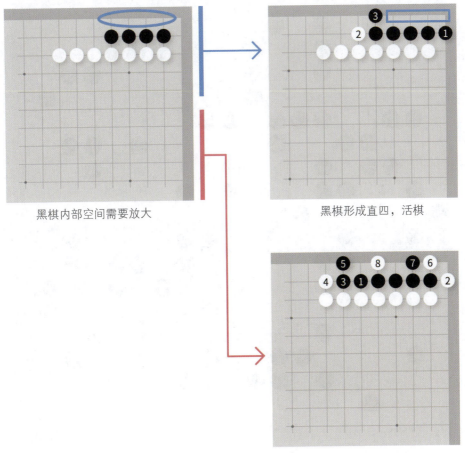

黑棋内部空间需要放大

黑棋形成直四,活棋

白2先占右边,黑棋形成直三,死棋

图 3-28

精彩对局

图 3-29 是世界顶级棋手朴文垚对郭闻潮的一局棋,也是利用角部特殊性做活的实战精彩案例。

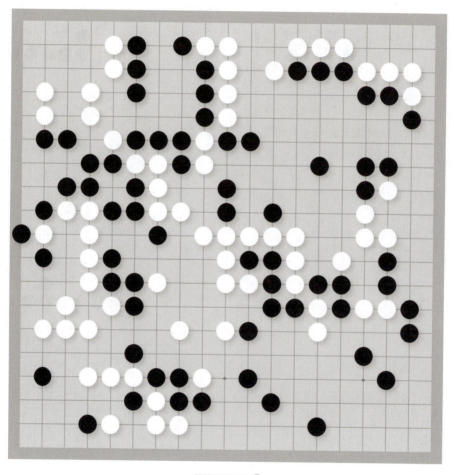

图 3-29

目前局面已接近尾声,朴文垚执黑,意图在左下角的白阵中活棋。

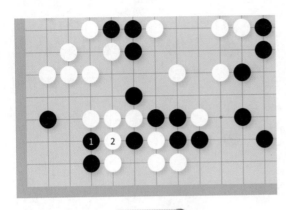

图 3-30 黑棋无中生有顶一步，但白 2 接，黑棋似乎也没有什么好的手段。

图 3-30

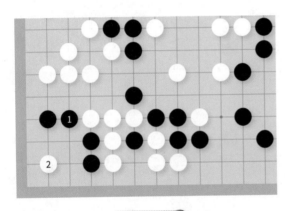

如图 3-31，如果黑棋采用"扩大眼位法"，则白 2 使用杀棋四步法中的"阻止划分空间法"（详见后文），占据眼形的要点。黑棋的内部空间虽然很大，却只有一只真眼，无法做活。

图 3-31

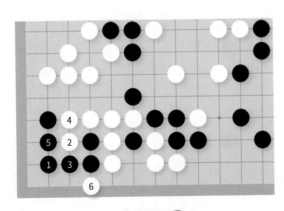

黑 1 占据这个要点，是想采用"划分内部空间法"，而白 2、4、6 采用杀棋四步法中的"缩小眼位法"（详见后文），黑棋仍然无法做活。

图 3-32

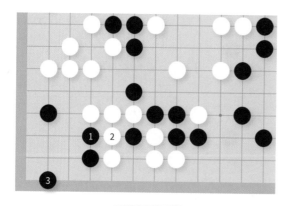

但实际上黑棋有二·一的绝妙一手，如图 3-33。

图 3-33

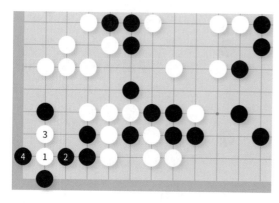

如图 3-34，实战进行，黑棋在白角上凭空制造出一个劫争。

图 3-34

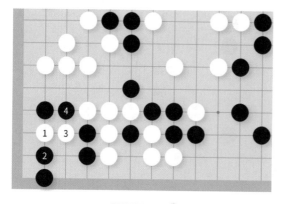

在此之前，如果白棋抵抗（图 3-35），则会由于关键处不入气而抵抗失败。

图 3-35

如图 3-36、图 3-37，白棋的其他抵抗同样不奏效。

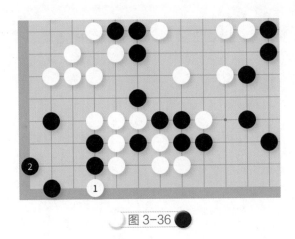

图 3-36

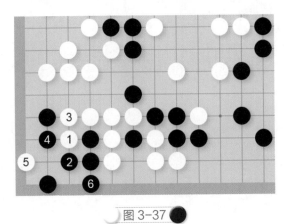

图 3-37

3.2.5 特殊活型

一些特殊情况下，棋盘上会形成意想不到的活型。

3.2.5.1 双活（10K）

双方谁也不能主动进攻，形成共存的棋形就是双活，如图3-38。

3.2.5.2 盘龙眼（9K）

环形棋形，利用两个假眼相连成为活棋，称为"盘龙眼"，也称"两头蛇"，如图3-39。

3.2.5.3 胀牯牛（8K）

通过将眼形关键点变成对方的禁入点做活的棋形，称为"胀牯牛"，如图3-40。

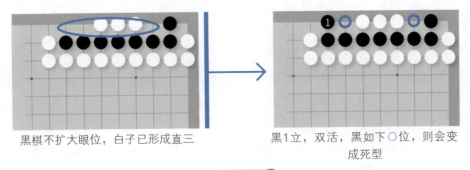

黑棋不扩大眼位,白子已形成直三　　黑1立,双活,黑如下○位,则会变成死型

图 3-38

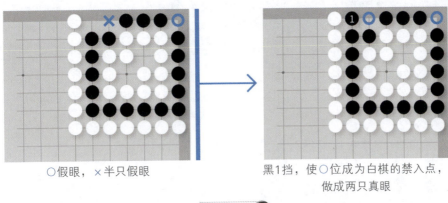

○假眼,×半只假眼　　黑1挡,使○位成为白棋的禁入点,做成两只真眼

图 3-39

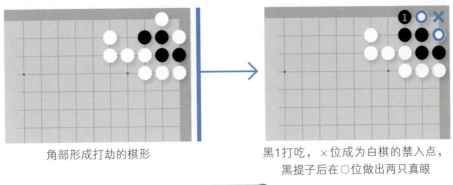

角部形成打劫的棋形　　黑1打吃,×位成为白棋的禁入点,黑提子后在○位做出两只真眼

图 3-40

105

3.2.6 做活四步法（7K）

我们之前介绍了常见活型和相关技巧，但遇到陌生的题目，如何进行思考呢？

做活四步法是一种合理的思考顺序。

第一步：判断被困的棋形是否为特殊棋型，如发现题目棋形与双活、盘龙眼、胀牯牛类似，找到这类棋形的关键点即可达到做活目的。

第二步：判断棋形是否在角部。如果在角部，利用好一·一点可能就是做活的优势。

第三步：判断对方棋形是否有弱点。使用不入气、先手、手筋等，都可以成为做活的优势。

第四步：判断题目的具体类型。小型空间、大型空间有不同的做活技巧，确定题目类型后，结合第二步、第三步积累的优势，占据眼形要点，达到做活目的。

做活四步法可以解决业余1段以下的做活问题。

题目速览

白先，如何杀掉黑棋？

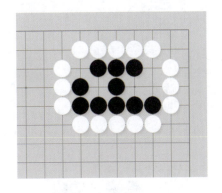 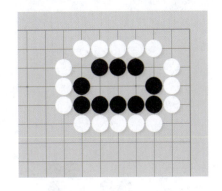

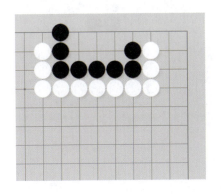 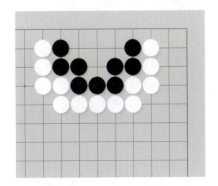

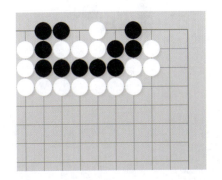 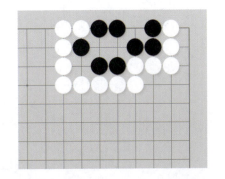

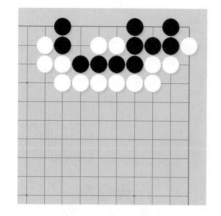
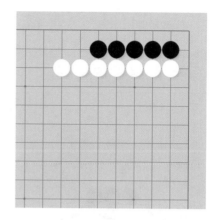
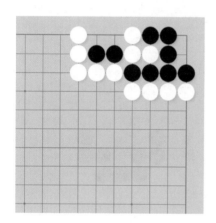
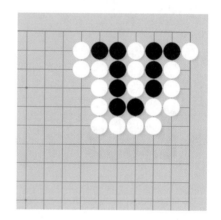
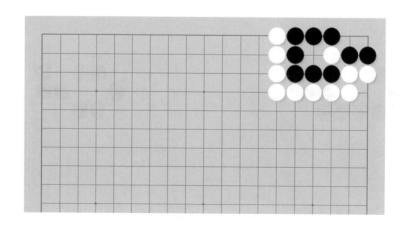

3.3 如何杀死一块棋?

当对方的一块棋被包围时，阻止这块棋做成两只真眼并杀死这块棋的死活题称为"杀棋题"。杀棋题的关键，是破坏对方能够做成真眼的潜在空间。

与做活的方法相对应，掌握"小型内部空间""大型内部空间""找对方棋形的弱点""角部的特殊性"和"吃子手筋"这 5 种杀棋技巧，即可解决所有基础的杀棋问题。

3.3.1 小型内部空间

对于小型内部空间的杀棋题，主要思路是破坏真眼的眼形，能够破坏对方真眼的点是能达到杀棋目的的要点。根据破坏真眼的方法，小型内部空间题可以分为两类，包括"破眼型"和"占据要点型"。

3.3.1.1　破眼型（14K）

当对方的一块棋已经有一只半真眼时，只要破坏半只真眼，即可杀死这块棋，这种杀棋题称为"破眼型"。

图3-41中，黑棋在左侧有一只真眼，右侧有半只真眼。白1将右侧的半只真眼破坏，使得黑棋只有一只真眼，将黑棋杀死。

3.3.1.2　占据要点型（14K）

当对方的一块棋有一只大眼，并且这只大眼内部存在做成真眼的要点时，占据这个要点可以使这只大眼相当于一只真眼，从而杀死这块棋，这种杀棋题称为"占据要点型"。

图3-42中，黑棋是直三不确定型，内部能够做成真眼的要点是中间的点。白1占据要点，使黑棋只有一只真眼，将黑棋杀死。

3.3.2　大型内部空间

对于大型内部空间的杀棋题，关键点在于是采取从外部缩小内部空间的策略，还是采取从内部阻止划分空间的策略。从外部缩小内部空间的策略称为"缩小眼位法"，从内部阻止划分空间的策略称为"阻止划分空间法"。此外，还有一种旨在构造基本死型的杀棋策略。

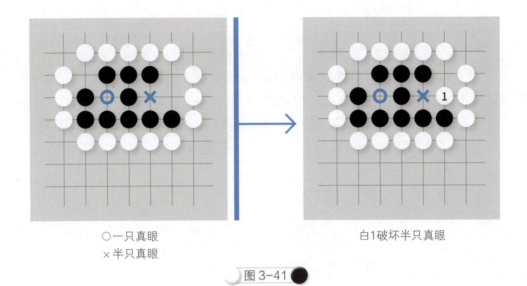

○一只真眼
×半只真眼

白1破坏半只真眼

图 3-41

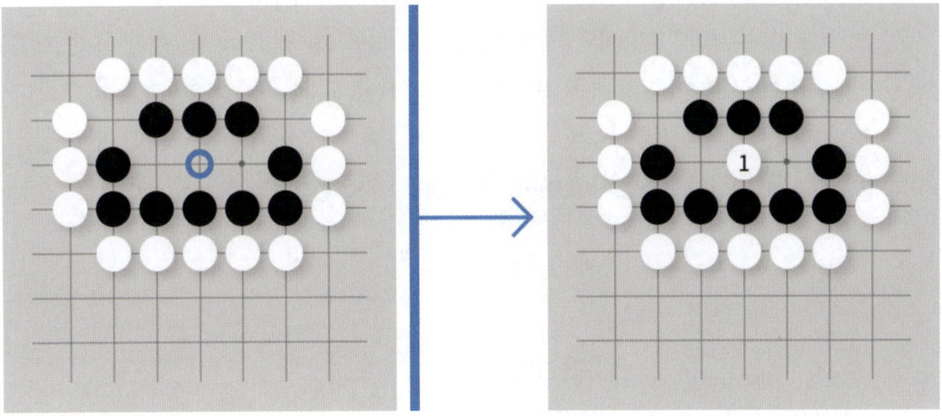

○眼形的要点

白1占据眼形要点，
黑棋只能形成一只真眼

图 3-42

3.3.2.1 缩小眼位法（12K）

"缩小眼位法"是指从对方空间未封闭处向内压缩，使对方的内部空间不足以做成两只真眼的杀棋方法。

图3-43中，黑棋内部空间的右侧未封闭，白1首先从未封闭处压缩，黑2挡住后，黑棋的内部空间形成刀把五不确定型。白3占据眼形要点后，黑棋被杀。

3.3.2.2 阻止划分空间法（11K）

与做活时的划分空间法相对应，杀棋时可以采用阻止划分空间法。当对方一块棋的内部空间还未划分时，及时占据要点，通过阻止对方划分空间破坏对方的两只真眼来杀死对方的方法称为"阻止划分空间法"。

图3-44中，黑棋的内部空间较大，但真眼眼形不足。白1占据眼形的要点后，黑棋的内部空间虽然很大，却只能形成一只真眼，无法做活。

3.3.2.3 构造基本死型法（12K）

对方的内部空间中有己方的棋子时，如果能够将己方的棋子构造成死活基本型中的死型或不确定型，就可以杀掉对方，这种杀棋方法称为"构造基本死型法"，又称"聚杀法"。

图3-45中，黑棋内部空间中的4颗白子构成弯四的活型。白1团，构造出刀把五不确定型。黑棋将5颗白子提掉后是白棋先下，黑棋被杀死。

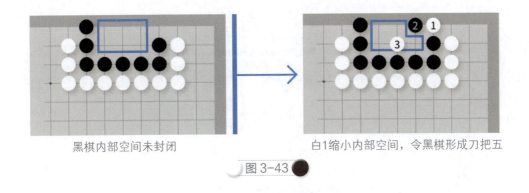

黑棋内部空间未封闭　　　　　　白1缩小内部空间，令黑棋形成刀把五

图 3-43

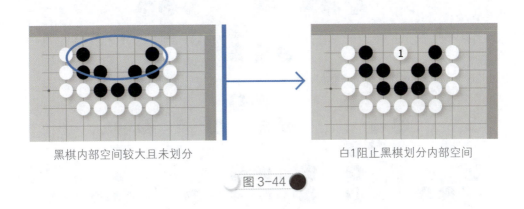

黑棋内部空间较大且未划分　　　白1阻止黑棋划分内部空间

图 3-44

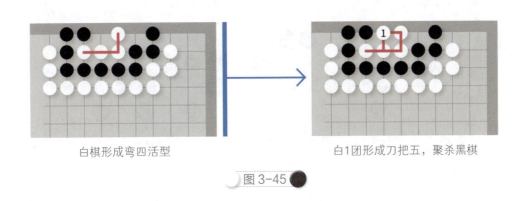

白棋形成弯四活型　　　　　　　白1团形成刀把五，聚杀黑棋

图 3-45

113

精彩对局

图 3-46 是大型内部空间杀棋的一个精彩案例,实际对局由李世石对阵金升宰。

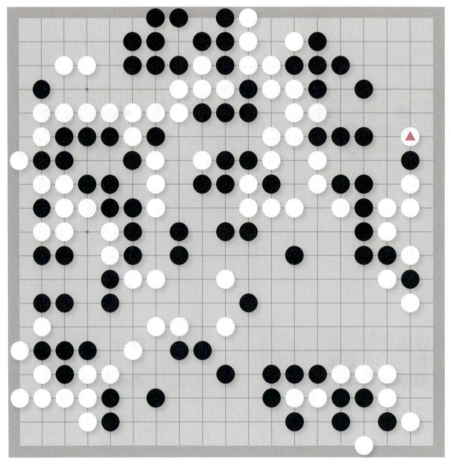

图 3-46

对局进入官子阶段,执白的金升宰在右上角▲位夹入。

如图 3-47，黑棋通常的回应是在 1 位夹，让白 2 打吃黑棋 1 颗子。

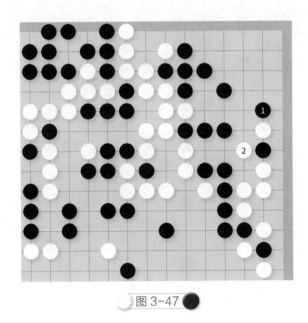

图 3-47

然而李世石显然有自己的想法，如图 3-48，黑 2 竟然不肯弃子。对此，金升宰态度强硬，白 3 跳入！角上的对决成为这盘棋的关键。

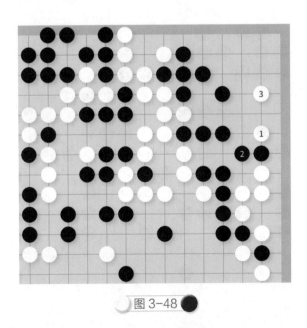

图 3-48

如图 3-49，接下来，若黑 1 立，白 2 小尖，角部将形成打劫。

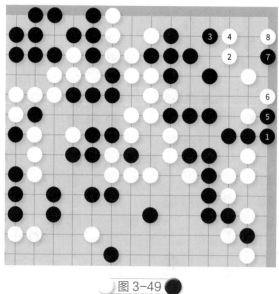

图 3-49

局部形成打劫显然对金升宰更加有利，但李世石黑 4 一点，白棋局部已经无法做活，如图 3-50。

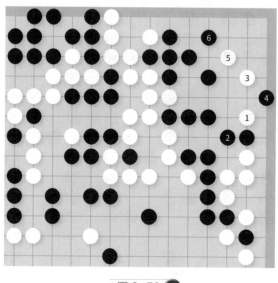

图 3-50

如图 3-51，白 1 挡，黑 2 连，白棋无法做活。

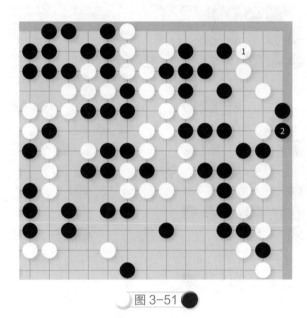

图 3-51

如图 3-52，若白棋拼死抵抗，依然无法做活。

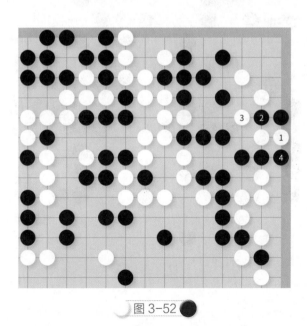

图 3-52

如图 3-53、图 3-54，无论如何，白棋无力回天。

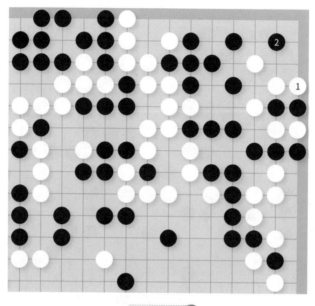

图 3-53

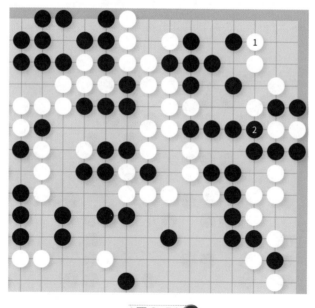

图 3-54

3.3.3 找对方棋形的弱点

杀棋时，对方棋形的弱点包括"气紧"和"断点"。它们的共同点是，棋形在气和连接方面存在缺陷。防守方看似已经做成两只真眼，但杀棋方利用这些缺陷，可以使防守方用于做活的手段无法使出，从而达到杀棋的目的。

3.3.3.1 气紧（9K）

在杀棋题中，只有2气或3气的部分是气紧的部分，缺陷明显，有力的杀棋手段可以使对方做活的关键点成为不入气的点。

图3-55中，黑棋的两只真眼眼形明显，看似已经成为活棋，但左侧的3颗黑子有气紧的弱点。白1扑，尝试破坏左边的真眼。黑2如果提吃白1，真眼眼形会变得不完整。白3打吃后，黑棋的真眼变成假眼，黑棋被杀。黑2如果连回一子，真眼眼形完整，但4颗黑子只有1气，白3提吃4颗黑子后，黑棋被杀。

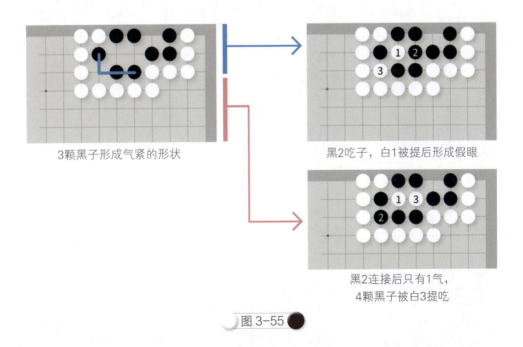

3颗黑子形成气紧的形状

黑2吃子，白1被提后形成假眼

黑2连接后只有1气，
4颗黑子被白3提吃

图3-55

3.3.3.2 断点（8K）

能够决定棋子是否连接的关键点称为"断点"。下在己方的断点处连接自己称为"粘"，下在对方的断点处切断对方称为"断"。断点是棋形的弱点，切断对方可以使对方棋形的一部分陷入危险，从而达到杀棋的目的。

图3-56中，黑棋右边有一只真眼，左边虽然有真眼的眼形，但×标注的点是黑棋的断点，黑棋的棋形存在缺陷。白1断，将左边的2颗黑子与其他部分的黑棋切断，2颗黑子被吃，左边的真眼不复存在，黑棋被杀。

3.3.4 角部的特殊性（10K）

在做活题中，防守的一方可以利用角部的特殊性，抢先下子，获得做活的优势。同理可知，在杀棋题中，进攻的一方也可以利用角部的特殊性，抢先在角部下子，获得杀棋的优势。

图3-57中，黑棋的内部空间未封闭，白棋可以选择从角部或边上缩小眼位。白1在角上扳，黑棋只能形成直三不确定型，至白7，黑棋被杀。白1在边上挡，黑棋能形成直四活型，黑棋成活。

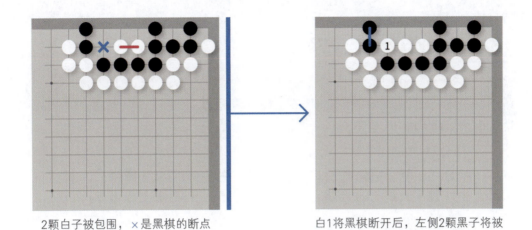

2颗白子被包围,×是黑棋的断点

白1将黑棋断开后,左侧2颗黑子将被吃,整块黑棋也将被吃

图 3-56

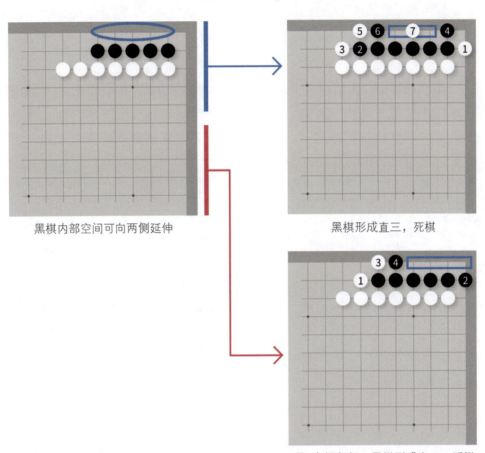

黑棋内部空间可向两侧延伸

黑棋形成直三,死棋

黑2占领角部,黑棋形成直四,活棋

图 3-57

121

3.3.5 吃子手筋(7K)

把对方形成真眼眼形的棋子吃掉,真眼就会被破坏。因此,吃子手筋也是杀棋的有力手段。

图3-58中,黑棋右侧有一只真眼,左侧能吃掉3颗白子,看似已经成活。白1打吃,使用倒脱靴的吃子手筋,不仅将3颗黑子吃回,而且破坏了黑棋左侧的眼形,黑棋被杀。

图3-59中,3颗白子只有1气,如果被黑棋提吃,黑棋的真眼眼形丰富,白棋无法继续杀棋。白1立,使用金鸡独立的吃子手筋,虽然黑棋形成了直四活型的雏形,然而白棋的2气都是黑棋不入气的点。黑棋无法吃掉4颗白子,被杀。

图3-60中,黑棋的两只真眼眼形明确,但组成黑棋的两部分都只有2气,有气紧的缺陷。白1扑,使用双倒扑的吃子手筋,黑棋的全部棋子将直接被吃,一击毙命。

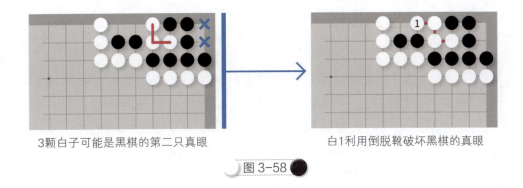

3颗白子可能是黑棋的第二只真眼　　　白1利用倒脱靴破坏黑棋的真眼

图 3-58

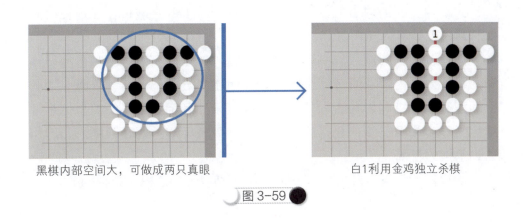

黑棋内部空间大，可做成两只真眼　　　白1利用金鸡独立杀棋

图 3-59

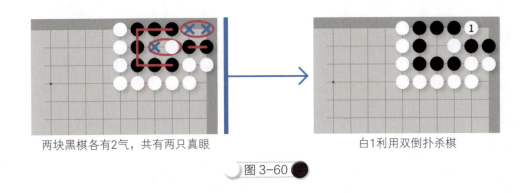

两块黑棋各有2气，共有两只真眼　　　白1利用双倒扑杀棋

图 3-60

3.3.6　杀棋四步法（7K）

3.3.1 至 3.3.5 介绍了杀棋型死活题的分类和相关技巧。当我们遇到一道陌生的杀棋题时，并不知道它属于哪种类型，应该用哪些技巧。合理的思考顺序能够大大缩短解题的时间并提高成功解题的可能性，杀棋四步法就是一种合理的思考顺序。

第一步，判断被困的棋形中是否存在可以直接使用的吃子手筋。多数情况下，能够吃掉对方关键子的手筋可以直接达到杀棋的目的。

第二步，判断被困的棋形是否在角部。如果在角部，要阻止对方利用角部特殊性做活。

第三步，判断对方的棋形是否有弱点。杀棋的突破口，往往在气紧处和断点处，可优先考虑。

第四步，判断题目的具体类型。小型内部空间有破眼型和占据要点型两种，大型内部空间有缩小眼位型和阻止划分空间型两种，阻止划分空间型有一种特例为构造基本死型，即聚杀。确定了题目的类型之后，结合第二步和第三步中获得的优势，按顺序破坏对方的真眼眼形，即可达到杀棋的目的。

杀棋四步法可以解决所有业余 1 段级别以下的杀棋型死活题。

题目速览

黑先,是否可以做活?

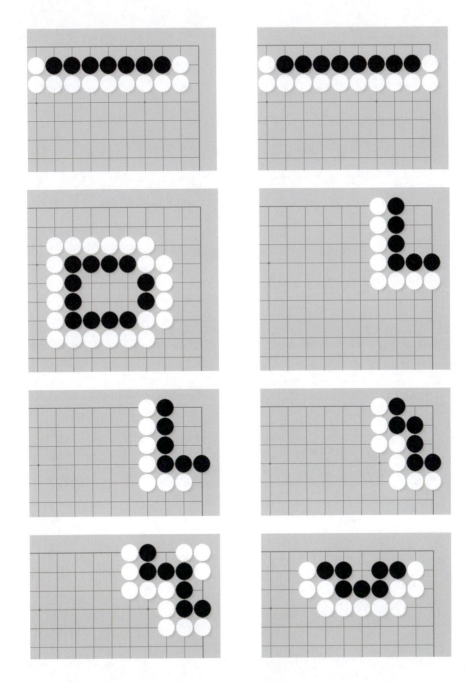

125

3.4 有哪些需要牢记在心的死活常型？

一些特征明显，但比基本死活复杂一些的题，称为经典死活型。

常见的初级经典死活型包括七死八活、断头板六、角上板六、盘角曲四、左右同形等。经典死活型的死活情况，可以当结论在对局中使用。

3.4.1 七死八活（10K）

在二线上，杀棋一方先下，七颗子是死棋，八颗子是活棋，如图3-61、图3-62。

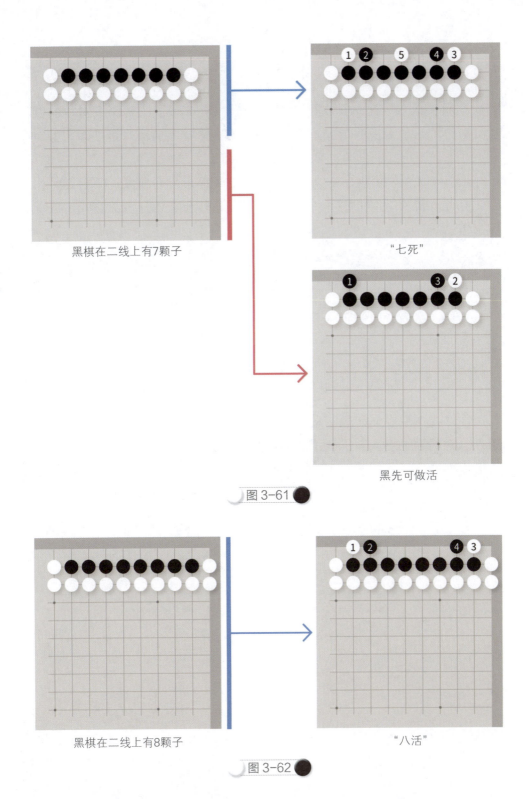

3.4.2 断头板六（9K）

"断头板六"是指基本死活型中的板六有 2 颗子的一侧或对角的位置被对方的棋子卡住的情况。完整的板六是活型，断头板六是不确定型。

图 3-63 中，黑棋在右侧"断头"。右侧 2 颗黑子气紧，只有 2 气。白 1 打吃，黑 2 只能接住，白 3 长出后，黑棋无法划分内部空间，只能被白棋杀死。

图 3-64 图中，黑棋在对角"断头"，在对角的位置上多出了两个断点。进行至白 3，黑棋气紧的问题暴露出来，黑棋不能在 A 位做眼，黑棋全军覆没。

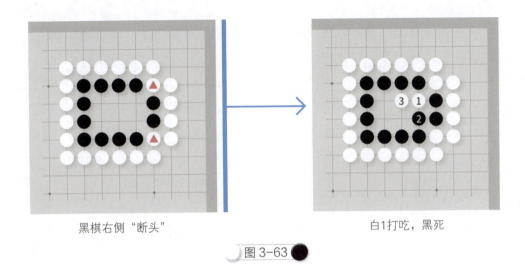

黑棋右侧"断头"　　　　　白1打吃，黑死

图 3-63

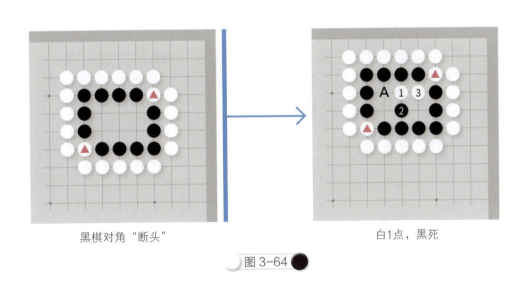

黑棋对角"断头"　　　　　白1点，黑死

图 3-64

3.4.3 角上板六（7K）

"角上板六"是指基本死活型中的板六的两条边由一线组成的情况。完整的板六是活型，角上板六是不确定型。

图 3-65 中，角上板六的外部没有气。由于角部的特殊性，白 1 如果下在二·二点，可以杀死黑棋，白 1 如果下在一·二点会形成打劫。

图 3-66 中，角上板六的外部有 1 气。白 1 如果下在一·二点，可以形成缓一气劫，我们将在 3.6 节中详细介绍；白 1 如果下在二·二点，由于黑棋外部多出 1 气，白棋杀棋失败。

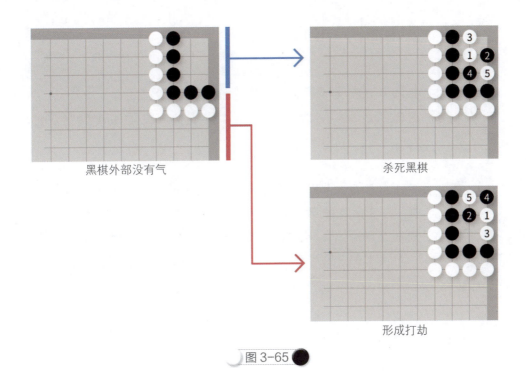

图 3-65

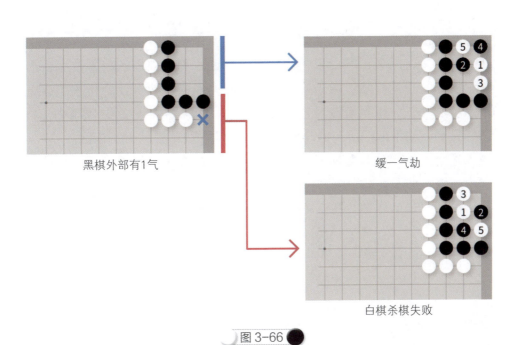

图 3-66

131

3.4.4　盘角曲四（8K）

"盘角曲四"是指基本死活型中的曲四的弯曲位置是一·一点的情况。完整的曲四是活型，盘角曲四是不确定型，盘角曲四型假双活是死型。

图3-67中，由于角部的特殊性，白1下在长边上的一·二点上，可以形成打劫。白3提吃黑2后，黑2的点成为黑棋的"打劫禁入点"，黑棋不能立刻在2位下子，必须在棋盘的其他地方与白棋各下一手，形成"交换"之后才能在黑2处提回。黑棋用于交换的这手棋的位置称为"劫材"。

图3-68中，看似形成了双活的活型，黑棋在两个空交叉点下子会被提吃，白棋在两个空交叉点下子会形成盘角曲四。白1下在其中一个空交叉点上，黑2提吃白棋，形成盘角曲四，而后白棋下在▲位上，形成白棋先吃子的打劫。由于打劫需要劫材，黑棋需要寻找劫材才能继续求活。然而，白棋具有选择打劫的主动权，可以决定什么时候下白1。白棋只要在动手前把所有的劫材都补好，动手后黑棋就无法求活。

因此，图中的盘角曲四型假双活，在实战中按照黑棋是死棋处理，称为"盘角曲四，劫尽棋亡"。

关于打劫的详细介绍，将在《简明围棋入段》一书中进行。

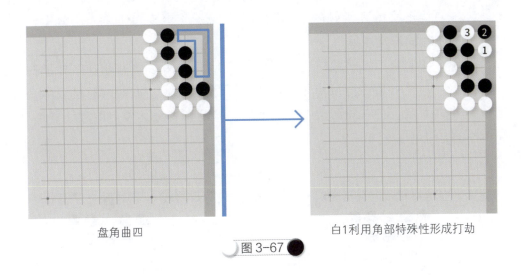

盘角曲四　　　　　　　　白1利用角部特殊性形成打劫

图 3-67

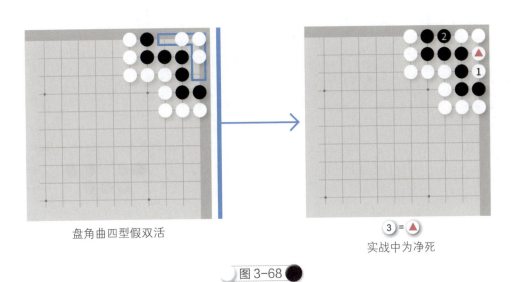

盘角曲四型假双活　　　　3 = ▲
　　　　　　　　　　　　实战中为净死

图 3-68

3.4.5 左右同形（10K）

被包围的一方具有左右对称特点的死活型称为"左右同形"。

左右同形类的死活题的正确答案一般情况下都在棋形的对称轴上，称为"左右同形走中间"。

图3-69中，如果黑棋先下，则是一道三眼两做型做活题；如果白棋先下，则是一道占据要点型杀棋题。不管谁先下，关键点都是正中间位置的黑1点。左右同形走中间的技巧，验证了"敌之要点即我之要点"的棋理。

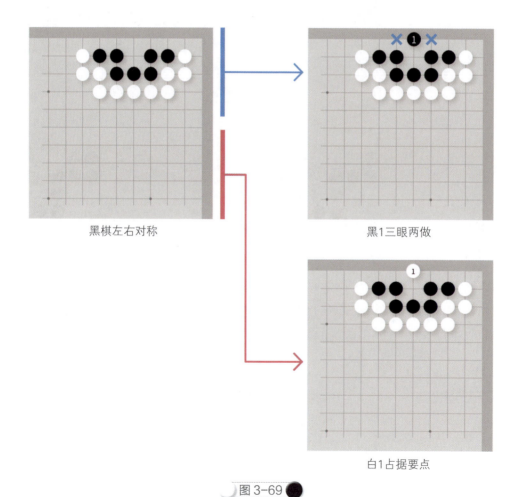

黑棋左右对称　　　黑1三眼两做

白1占据要点

图3-69

题目速览

你将轻松解开以下死活问题,黑先。

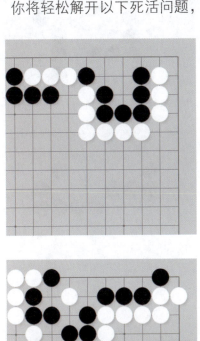

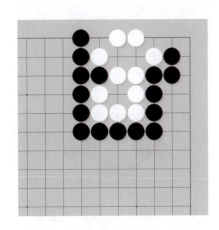

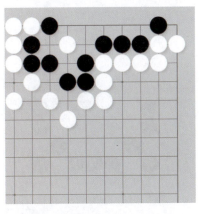

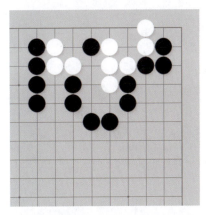

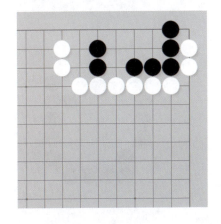

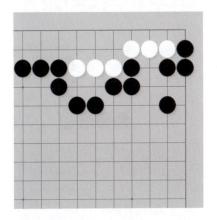

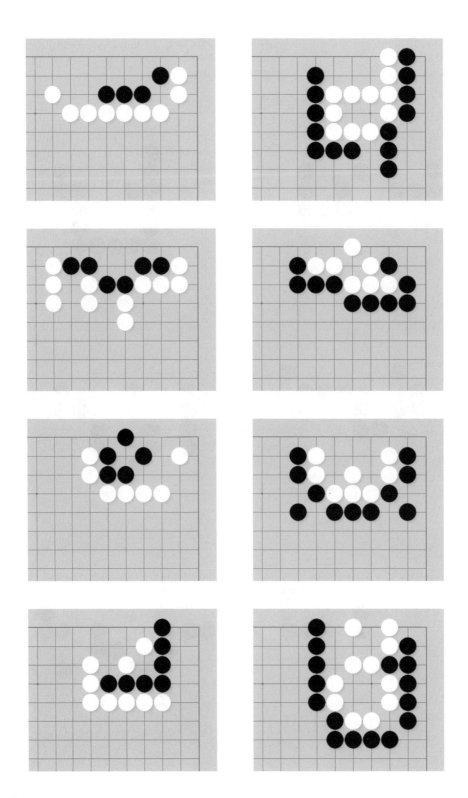

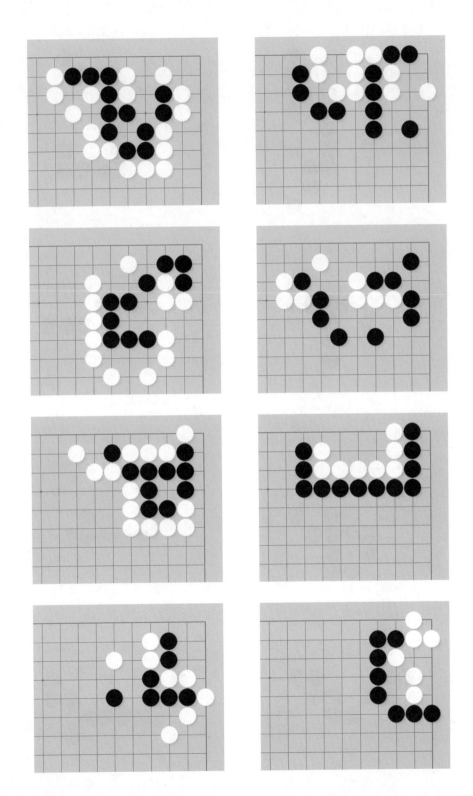

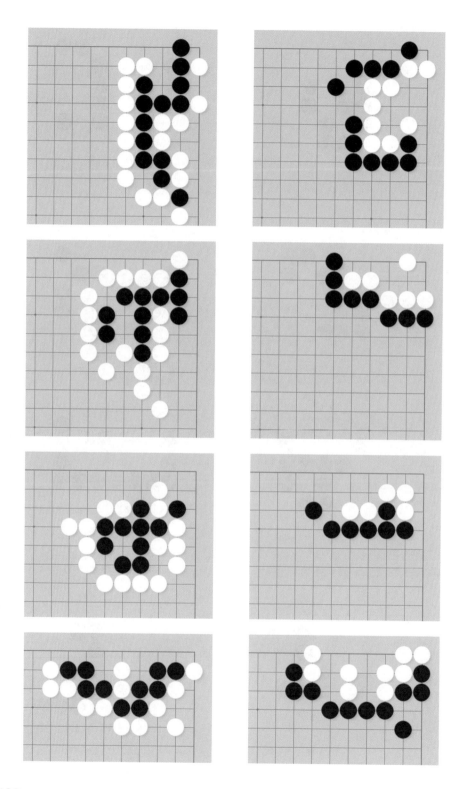

3.5 围棋中形成不同棋形的下法，都是怎样命名的？

当做活题和杀棋题空间比较大、情况复杂时，需要通过棋子的位置关系寻找手段。棋手为这些特定的手段命名为"手筋"。

3.5.1 立（6K）

将棋子向一线方向延伸的下法，称为"立"。常用于在做活题中的扩大眼位或在杀棋题中缩小眼位，如图 3-70、图 3-71。

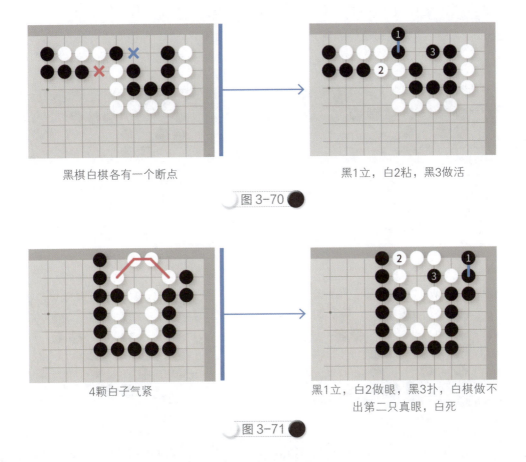

黑棋白棋各有一个断点　　　黑1立，白2粘，黑3做活

图 3-70

4颗白子气紧　　　黑1立，白2做眼，黑3扑，白棋做不出第二只真眼，白死

图 3-71

3.5.2 尖（6K）

将棋子下在自己的某颗棋子的对角位置，同时与原有棋子不相连的下法，称为"尖"。在做活题中，尖常用于划分内部空间；在杀棋题中，尖常用于吃子手筋。

图3-72是黑棋的做活题。黑棋的内部空间虽大，但左右各有1个断点，内部空间也没有划分。黑1尖，将内部空间划分成两部分，同时保护了左右两个断点，一石三鸟。白2断，试图利用气紧破坏黑棋右边的眼形，黑3连。由于白棋只有2气，比黑棋气少，白棋破坏眼形失败，黑棋成活。

图3-73是黑棋的杀棋题。白棋的内部空间很大，并且已经分为两部分，但左侧与老鼠偷油型吃子手筋的棋形很像。黑1尖是形成老鼠偷油型的关键所在，白2必须保护真眼的眼形，只能挡住。至黑5，4颗白子被吃，黑棋利用老鼠偷油杀死了这块白棋。

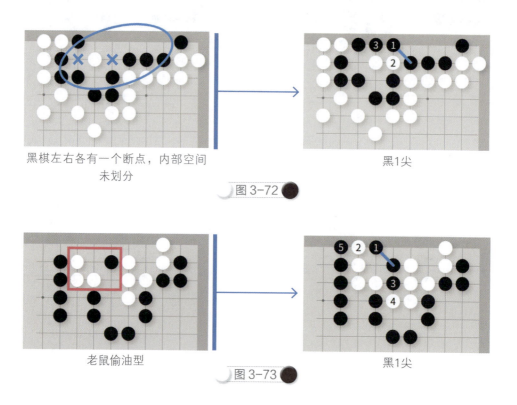

黑棋左右各有一个断点，内部空间未划分　　　黑1尖
图3-72

老鼠偷油型　　　黑1尖
图3-73

3.5.3 跳（6K）

将棋子下在与自己的某颗棋子纵横间隔一个空交叉点的位置的下法称为"跳"。在做活题中，跳常用于划分内部空间；在杀棋题中，跳常用于缩小眼位。

图 3-74 是黑棋的做活题。黑棋的内部空间充足、未封闭，而且未划分。黑 1 与下方和右边的黑子都形成跳的形状，将内部空间分为两部分，至黑 5，两只真眼做成，黑棋成活。

图 3-75 是黑棋的杀棋题。白棋的内部空间是狭长的形状，左右都未封闭。黑 1 跳是缩小眼位的好手。白 2 划分内部空间后，黑 3 继续在一线上跳，破坏左侧的真眼眼形。白棋的右侧有一只真眼，左侧只有一只假眼，白棋被杀。

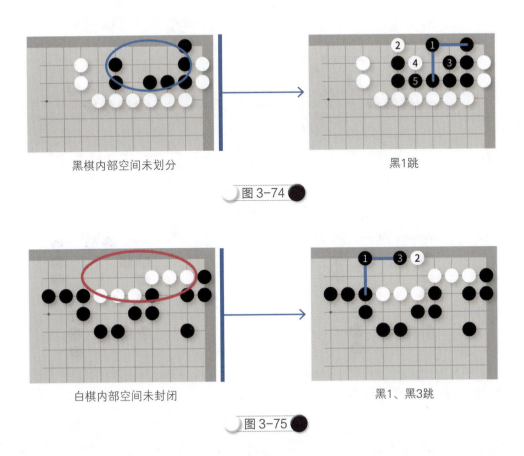

3.5.4 小飞(6K)

将棋子下在与自己某颗棋子成"日"字形对角交叉点的位置,"日"字格中没有其他己方棋子的下法称为"小飞",简称"飞"。小飞的扩展速度快,但连接并不牢固。在做活题中,小飞常用于扩大眼位;在杀棋题中,小飞常用于缩小眼位。

图3-76是黑棋的做活题。黑棋的内部空间较小,需要向左扩展。黑1小飞,是扩大眼位的最佳选点,至黑3,黑棋的内部空间扩大至8个点,白棋已无法杀死黑棋。

图3-77是黑棋的杀棋题。白棋下方已有一只真眼,上方的真眼尚未成形。黑1小飞,缩小眼位的速度快,是破眼的要点。白2和白4虽然能够吃掉2颗黑子,但根据眼的推算,白棋只能做成一只假眼,白棋被杀。

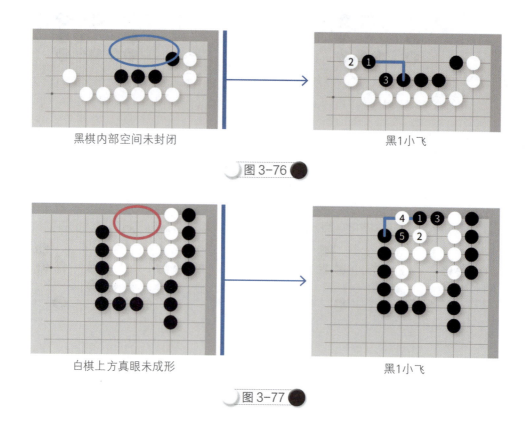

黑棋内部空间未封闭　　　　黑1小飞

图3-76

白棋上方真眼未成形　　　　黑1小飞

图3-77

3.5.5 虎（6K）

做成虎口棋形的手段称为"虎"。在做活题中，虎常用于划分内部空间；在杀棋题中，虎常用于制造打劫。

图 3-78 是黑棋的做活题。黑棋的内部空间尚未划分，与对称的棋形类似，左边的两子有 4 气，右边的两子有 3 气。黑 1 虎，划分内部空间，同时加强右边气紧的 2 颗子，白 2 破眼，黑 3 继续划分内部空间，可做成两只真眼成活。

图 3-79 是黑棋的杀棋题。白棋有一只半真眼，黑棋右侧有断点，形成见合，看似已经成活。黑 1 虎，除了形成二·二点位置的虎口，还在一线形成一·三点位置的虎口。白 2 立，做成第二只真眼。黑 3 扑，形成一线上的打劫。如果打劫成功，黑棋可以破坏白棋原有的一只真眼而杀死白棋。

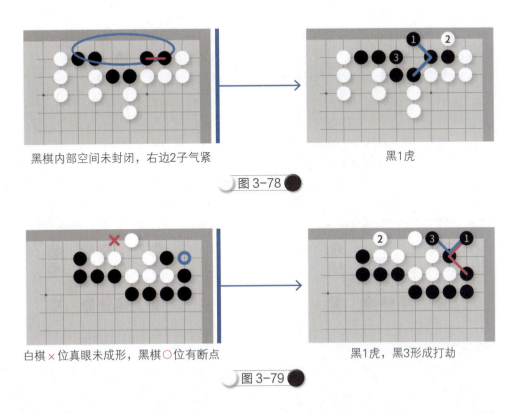

黑棋内部空间未封闭，右边2子气紧　　　黑1虎

图 3-78

白棋×位真眼未成形，黑棋○位有断点　　　黑1虎，黑3形成打劫

图 3-79

3.5.6 顶（5K）

在某个方向阻止对方的棋子继续延伸，或向某个方向延伸时撞上对方的棋子的下法称为"顶"。在做活题中，顶常用于扩大眼位；在杀棋题中，顶常用于利用对方气紧的弱点。

图 3-80 是黑棋的做活题。黑棋在左边有一只真眼，右边有一个未成形的真眼眼位，右侧白棋的小飞形状有连接上的弱点。黑 1 顶，扩大眼位，将真眼眼位变成半只真眼，同时准备将二·二点的白子切断。白 2 连回，黑 3 做成第二只真眼，成功做活。白 2 如果下在黑 3 处强行破眼，黑 3 可以下在白 2 处将二·二处的白子和破眼的白子一同吃掉。

图 3-81 是黑棋的杀棋题。白棋内部空间较大，而且已经划分，但有严重的气紧弱点，3 个部分都只有 3 气。黑 1 顶，扼住白棋的咽喉，由于黑 1 有 3 气，比白棋的中间部分多 1 气，白棋无论如何应对都无法吃掉黑棋，最终白棋被吃。

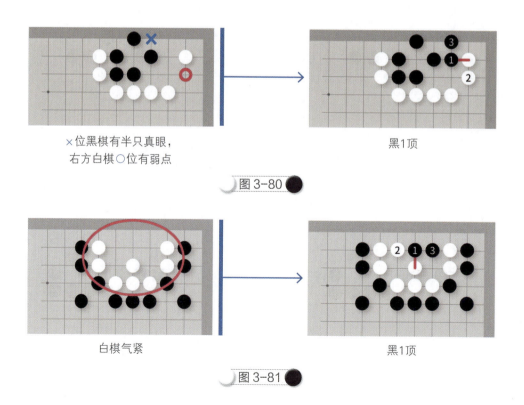

×位黑棋有半只真眼，
右方白棋○位有弱点

黑1顶

图 3-80

白棋气紧

黑1顶

图 3-81

3.5.7 挤（5K）

下在对方呈小尖棋形的二子之间相邻的两个空交叉点之一的下法称为"挤"。在做活题中，挤常用于利用对方连接的弱点；在杀棋题中，挤常用于利用对方气紧的弱点。

图 3-82 是黑棋的做活题。黑棋在右边有一只真眼，白棋左边的小尖棋形有连接弱点。黑 1 挤，想要吃掉其右侧的白子做成第二只真眼。白 2 打吃，黑 3 立，由于一·三点上有黑子，白棋一·四点不入气，无法吃掉黑子，下方的两个断点又无法同时连接，白棋只好放弃右侧的一颗白子，黑棋做活成功。

图 3-83 是黑棋的杀棋题。白棋在上方和下方各有一只真眼眼位，看似已经成活。黑 1 挤，瞄准白 2 处的破眼手段，同时将下方的眼形变得气紧。白 2 粘，守住上方的真眼。黑 3 再挤，下方白棋围住的方四棋形陷入危机。白棋无论下在哪一点，黑棋都有相应的双吃或利用接不归吃子的手段，白棋在下方的真眼已经不复存在，白棋被杀。

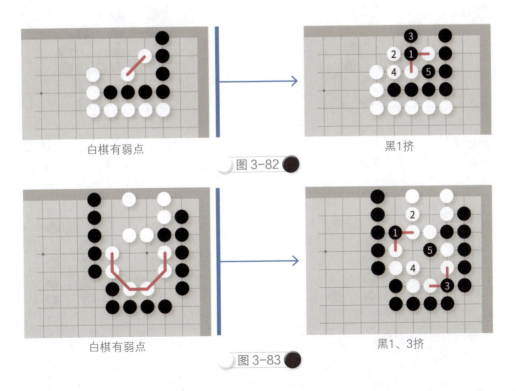

白棋有弱点   黑1挤

图 3-82

白棋有弱点   黑1、3挤

图 3-83

3.5.8 挖（5K）

下在对方跳的棋形中间的空交叉点上，两侧都没有其他棋子的下法称为"挖"。在做活题和杀棋题中，挖都用于进攻对方的跳的棋形弱点。

图3-84是黑棋的做活题。黑棋在下方有一个真眼眼位，左边的空间不足，需要连下两手才能做成一只真眼，白棋右边的跳有棋形弱点。黑1挖，利用了弃子的思想，目的是获得黑5位置的先手威胁。至黑5，黑棋在左边形成半只真眼，右边白子面临被抱吃的威胁，左右见合，白6只能粘住。黑7立，做成第二只真眼，成功做活。

图3-85是黑棋的杀棋题。白棋在左侧有一个真眼眼位，右侧的空间未封闭，跳有棋形弱点。黑1挖，缩小眼位，白棋如果在二·四点打吃，黑棋在二·二接，两颗白子将被一气吃。因此白2只能退让，在二·二点打吃。黑3接，根据眼的推算，白棋在右侧只能形成一只假眼，白棋被杀。

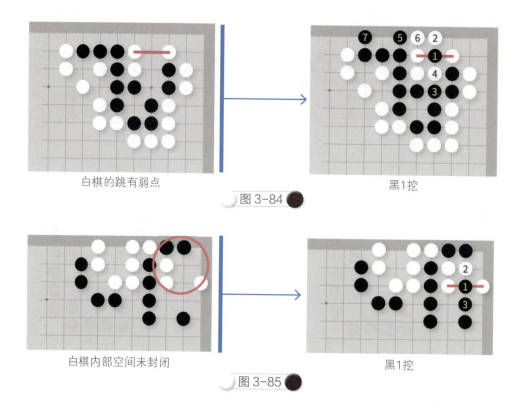

白棋的跳有弱点　　图3-84　　黑1挖

白棋内部空间未封闭　　图3-85　　黑1挖

3.5.9 跨（5K）

下在对方小飞的棋形中间的两个空交叉点之一的下法称为"跨"。在做活题中，跨常用于争先手；在杀棋题中，跨常用于切断。

图 3-86 是黑棋的做活题。黑棋在下方有半只真眼，在角一·一处有一只真眼，在左侧有一个断点，白棋的小飞棋形有弱点。黑棋如果在断点连接，白棋会下在黑 3 的位置上，解决小飞的连接问题，同时给黑棋带来新的断点。黑棋继续连接，白棋则在黑 7 处破眼，黑棋只有一只真眼，无法做活。黑 1 跨，利用弃子的思维，先手补好断点。至白 6，黑 1 虽然被吃，黑棋的断点已经补好，黑 7 在下方做成真眼，黑棋成功做活。

图 3-87 是黑棋的杀棋题。右边的 4 颗白子通过小飞的棋形与左侧连接。黑 1 跨，击中要点，白 2 挡，黑 3 接。白棋在左侧和右侧的连接只能建立一个，白棋选择建立左侧的连接，右侧的白子无法逃出，白棋被杀。

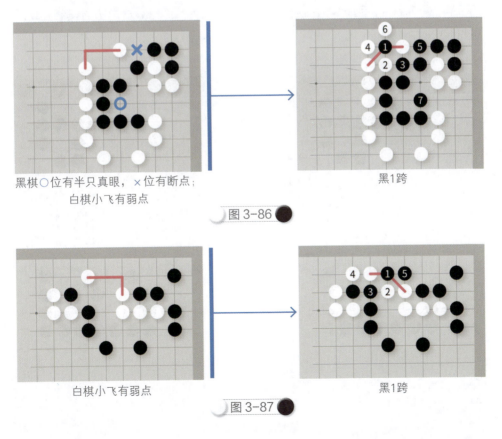

黑棋○位有半只真眼，×位有断点；白棋小飞有弱点

图 3-86

黑 1 跨

白棋小飞有弱点

图 3-87

黑 1 跨

3.5.10 扳（5K）

双方棋子并排紧挨在一起时，一方从其斜角方向迎头下在对方棋子的前面，阻止对方棋子在这一方向上前进，这种下法称为"扳"。在做活题中，扳常用于利用对方的弱点；在杀棋题中，扳常用于缩小眼位。

图 3-88 是黑棋的做活题。黑棋下方有一只真眼，右侧需要连下两手才能做成一只真眼。上方的 4 颗白子有气紧的弱点，黑 1 扳，瞄准黑 3 位置的扑。白棋如果在黑 3 的位置接住，黑棋下在一·二点就成为先手，白棋必须在 2 位打吃，黑棋下在一·四点做眼成功。白 2 如果直接打吃，黑 3 扑，至黑 5，角上的一颗白子被吃掉，右侧的眼形扩大，黑棋做眼成功。

图 3-89 是黑棋的杀棋题。白棋的内部空间未封闭也未划分。如果黑棋采用阻止划分空间的方法，将在内部形成打劫。最简单的方法是直接采用黑 1 扳的手段缩小眼位，白 2 挡住后，形成刀把五不确定型，黑 3 点，白棋被杀。

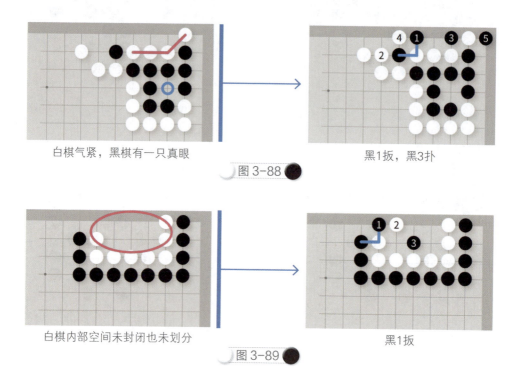

白棋气紧，黑棋有一只真眼

图 3-88

黑1扳，黑3扑

白棋内部空间未封闭也未划分

图 3-89

黑1扳

3.5.11 扑（4K）

下在对方的虎口里的下法称为"扑"。在做活题和杀棋题中，扑都是通过弃子达到做眼或破眼的目的。

图 3-90 是黑棋的做活题。角部的 2 颗黑子眼形很小，看似无法做活，下方的 2 颗白子气紧，在一线上通过两个虎口与外部连接。黑 1 扑，利用弃子的思维，获得黑 3 和黑 5 两个先手。白 6 接住之后，角部形成黑棋 1×2 型做活题，黑 7 做成两只真眼，成功做活。

图 3-91 是黑棋的杀棋题。白棋在上方有一只真眼，下方眼形已经形成，但有气紧的弱点。黑 1 扑，利用弃子，将白棋变得更加气紧。白 2 接住后，黑 3 在一线上扳，此时一·五点白棋不入气。白棋只有一只真眼，白棋被杀。

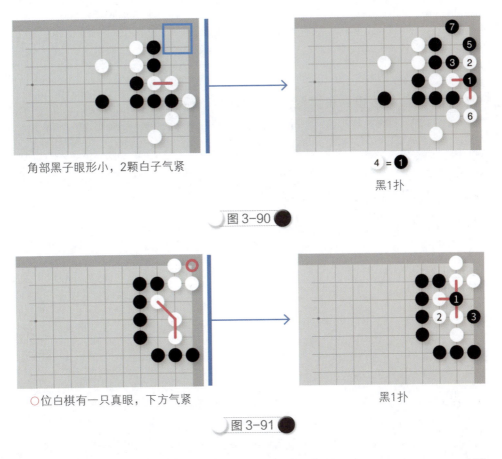

角部黑子眼形小，2颗白子气紧

4 = ❶

黑1扑

图 3-90 ●

○位白棋有一只真眼，下方气紧

黑1扑

图 3-91 ●

3.5.12 点(4K)

下在对方的内部空间中,威胁切断对方,并且与对方的棋子不接触的下法称为"点"。在做活题和杀棋题中,点都用于利用对方的弱点达到做眼或破眼的目的。

图3-92是黑棋的做活题。黑棋在右上方角部的左右各有半只真眼,直接做眼只能做成一只真眼。右侧的白棋有气紧的弱点。黑1点,试探白棋的应手,白棋如果在4位接,黑棋就在5位做眼,然后利用接不归吃掉右边的一颗白子。此处白2接,右侧黑棋做眼的手段从后手变成先手,黑3打吃时,白4不得不接住,黑5再做成左边的真眼,成功做活。

图3-93是黑棋的杀棋题。白棋的内部空间足够,上方有一个断点,下方的一颗白子有气紧的弱点。黑1点是利用白棋弱点的关键,白2如果在黑3处虎,黑3在白2处连回,白棋在二·三点的眼是假眼,白棋被杀。此处白2挡,黑3贴,白4做眼,看似已经形成两只真眼,然而下方的两颗白子只有2气,与内部的两颗黑子气数相同,黑5打吃时白棋只能选择接住,填死已经做好的眼。因此,至黑5,白棋被杀。

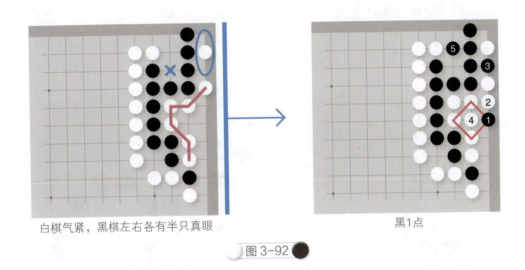

白棋气紧,黑棋左右各有半只真眼　　　黑1点

图 3-92

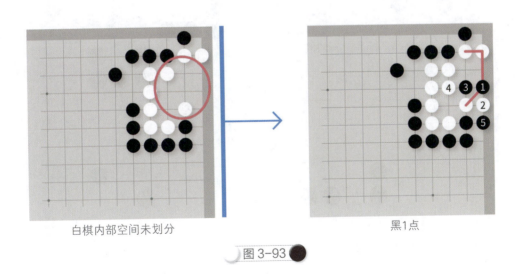

白棋内部空间未划分　　　黑1点

图 3-93

精彩对局

图 3-94 是围棋甲级联赛罗玄执黑中盘胜周贺玺的一局棋,充分展示了"点"这一死活手筋的威力。

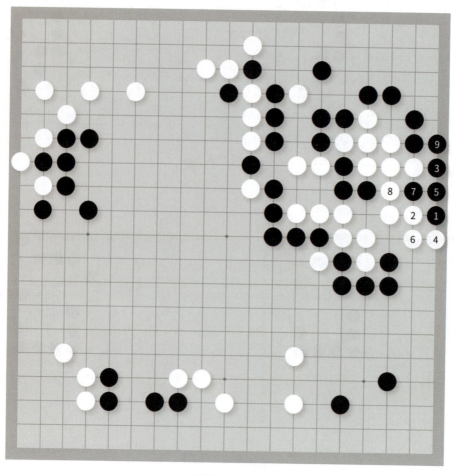

图 3-94

罗玄凭借黑 1 一路点的妙手,竟然成功净杀白棋大龙!

图 3-95，黑棋若下黑 1 尖，白可双活，黑棋失败。

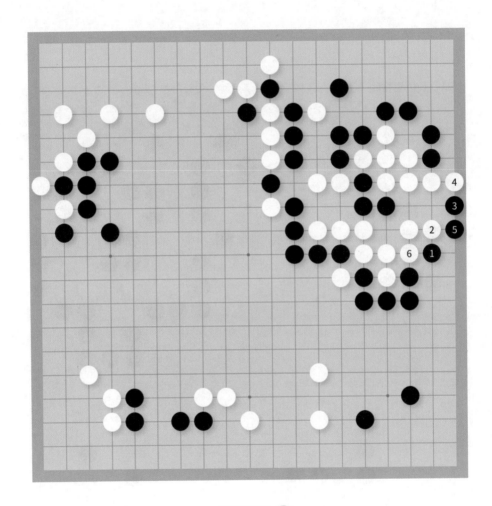

图 3-95

图3-96，黑棋一路点杀时，白棋若在白4、6处打吃，黑棋可在黑7、9处挤，即可净杀。

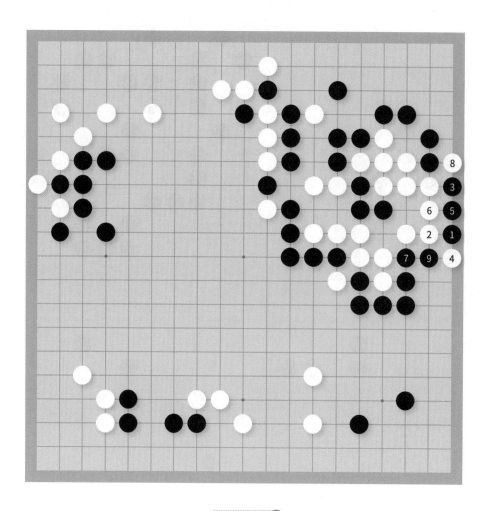

图3-96

3.5.13 断（4K）

对于对方的小尖棋形，如果一个空交叉点已经被己方的棋子占据，下在第二个空交叉点上可以切断对方的小尖，这种下法称为"断"。在做活题和杀棋题中，断都用于直接进攻对方的断点。

图3-97是黑棋的做活题，黑棋在左侧有半只真眼，在右侧有半只真眼，白棋下方有一个断点。黑1断，利用弃子思维，先手将右边下成"二线五子"。通过眼的推算，我们可以知道"二线三子"没有眼，"二线四子"有半只真眼，"二线五子"有一只真眼。至白6，黑棋先手做成右边的真眼，黑7做成第二只真眼，黑棋成活。

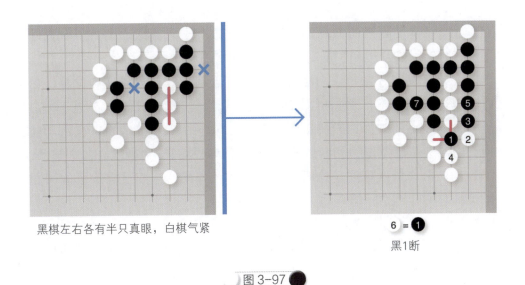

黑棋左右各有半只真眼，白棋气紧

6 = ❶

黑1断

图3-97

图3-98是黑棋的杀棋题。白棋的内部空间足够大，已经划分空间，但左侧的2颗白子气紧且有断点。黑1断，利用弃子的思维，同时威胁吃掉白棋的左侧2颗子和下方3颗子。白2打吃，通过吃掉黑1防止黑棋的吃子手段。黑3扑，将白棋左边的眼形变成假眼，白棋被杀。

3.5.14　夹（4K）

如果对方的1颗棋子的一侧有己方的棋子，在对方的这颗棋子的另一侧下子，可形成夹子的形状，这种下法称为"夹"。在做活题和杀棋题中，夹都用于攻击对方气紧的棋子。

图3-99是黑棋的做活题。黑棋在下方有一只真眼，上方没有真眼眼形，必须通过吃子获得第二只真眼，左边和右边的白子都有气紧的弱点。黑棋如果直接在3位挡，白棋可以从4位连回。黑棋如果在4位挡，白棋可以在3位打吃，则黑棋无法吃掉白棋做活。黑1夹，以左边2颗白子气紧的弱点，试探白棋的应手，白棋如果下在黑5处，黑棋在白4处挡，同时威胁吃掉左边和右边的白子，白棋必然有一边被吃。白2连回，黑3挡，白4继续连回，这时，黑1发挥了作用，接应了黑5断的1颗黑子，右侧3颗白子被吃。

图3-100是黑棋的杀棋题。白棋的内部空间足够大，但未封闭也未划分，左侧有一个断点。黑1夹，通过威胁白棋的断点来最大限度地缩小眼位。为了保护断点，白2接。黑3退回后，白棋的内部空间不足以做成两只真眼，白棋被杀。

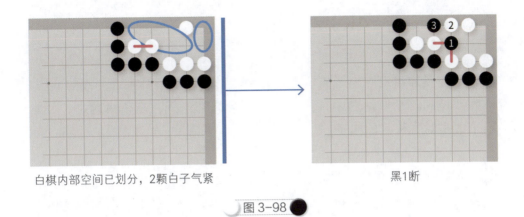

白棋内部空间已划分，2颗白子气紧　　　　黑1断

图 3-98

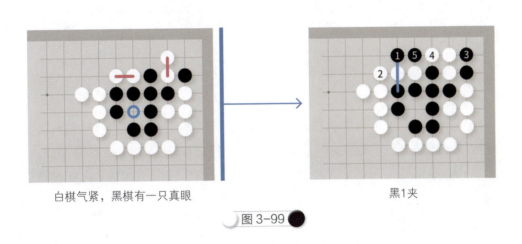

白棋气紧，黑棋有一只真眼　　　　黑1夹

图 3-99

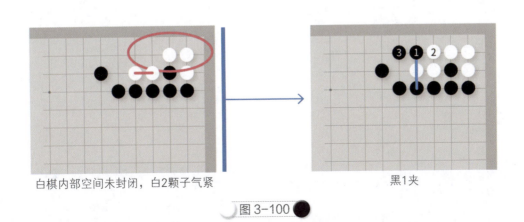

白棋内部空间未封闭，白2颗子气紧　　　　黑1夹

图 3-100

3.5.15 托(4K)

下在紧靠着对方棋子的位置,并且比对方的棋子更接近一线的下法,称为"托"。在做活题中,托常用于划分内部空间;在杀棋题中,托常用于攻击对方气紧的棋子。

图3-101是黑棋的做活题。黑棋的内部空间未划分,中间有2颗白子将黑棋分成两部分,每一部分都有气紧的弱点。黑1托,想要将内部空间分成两部分,同时紧2颗白子的气,保护己方气紧的两部分。白棋如果打吃黑棋,黑棋在另一个方向长出,即可做活。

图3-102是黑棋的杀棋题。白棋的内部空间足够大而且已划分,但右边的5颗白子有气紧的弱点。黑1托,将白棋气紧的弱点暴露出来。至黑5,白棋要想求活必须吃掉黑5,但关键的点白棋不入气,白棋被杀。

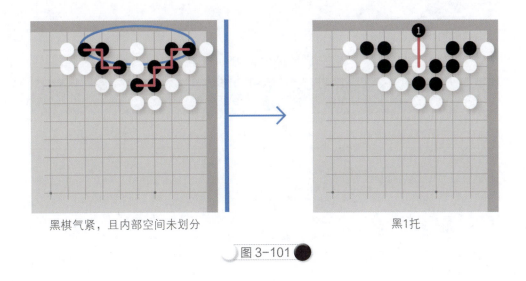

黑棋气紧,且内部空间未划分　　　　　黑1托

图 3-101

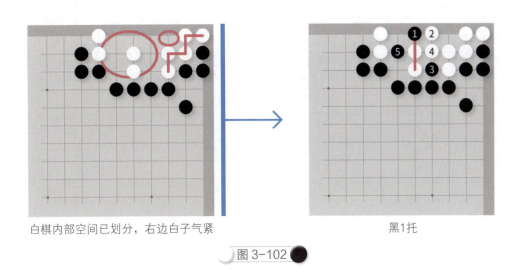

白棋内部空间已划分,右边白子气紧　　黑1托

图 3-102

159

3.5.16 手筋在死活题中的作用

如表 3-2 所示。

表 3-2 手筋在死活题中的作用

死活手筋	做活题	杀棋题
立	扩大眼位	缩小眼位
尖	划分内部空间	吃子手筋
跳	划分内部空间	缩小眼位
小飞	扩大眼位	缩小眼位
虎	划分内部空间	制造打劫
顶	扩大眼位	利用气紧弱点
挤	利用连接弱点	利用气紧弱点
挖	利用跳的棋形弱点	利用跳的棋形弱点
跨	争取先手威胁	切断
扳	利用连接或气紧弱点	缩小眼位
扑	弃子做眼	弃子破眼
点	利用弱点做眼	利用弱点破眼
断	进攻断点	进攻断点
夹	利用气紧弱点	利用气紧弱点
托	划分内部空间	利用气紧弱点

题目速览

你将轻松解开以下问题:黑先,如何杀掉白棋?

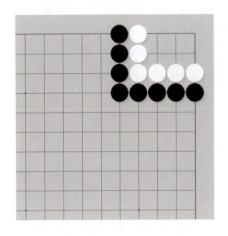

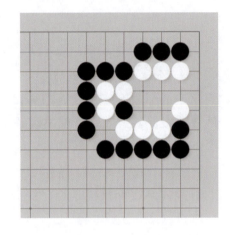

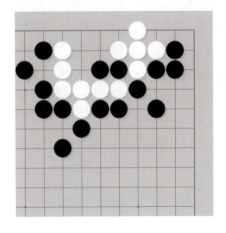

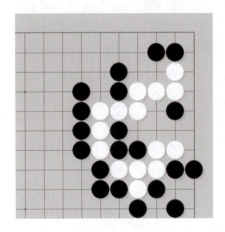

3.6 怎样运筹帷幄，攻破死活难题？

解决死活题的基本方法有四种，从简单耗时到复杂省时依次为排除法、剪枝法、构造法、直觉法。

3.6.1 排除法（3K）

图3-103是黑棋的杀棋题。白棋的内部空间封闭，共有6个空交叉点。理论上这道死活题最多有 $6×5×4×3×2×1 = 720$ 个变化，这720个变化中必然有一个是正确答案。如果对这720个变化逐一进行检查，虽然效率很低，但一定能够发现正确答案。

这种逐一排查的解题方法称为"排除法"。

我们已经学过禁入点和真假眼的知识，在变化进行到某一步时，我们有能力判定一块棋是否已经成活或者已经被杀死，因此，实际需要逐一排查的变化远远少于720个。下面我们进行逐一排查。

（1）黑1下R18，没能阻止白棋划分内部空间，白2下S18，可形成两只真眼，黑棋杀棋失败。

（2）黑1下R19，白2下S19，与黑1下R18的情况相同，黑棋杀棋失败。

（3）黑1下T18，与黑1下R18的情况相似，白2下S18，黑3有下S19形成"缓一气劫"的手段，在发现更好的结果之前，先记下这个变化。

（4）黑1下T19，白2下S19，与黑1下R18的情况相同，黑棋杀棋失败。

（5）黑1下S19，是阻止白棋划分内部空间的有力手段。白2下S18，出现变数。黑棋有T19和R19两种选择。

a. 黑3下T19，方向错误。白4下R19，成功做成两只真眼，黑棋杀棋失败。

b. 黑3下R19，方向正确。白棋为了继续划分内部空间，只能下T19扑，形成"紧气劫"。这个结果要优于黑1下T18的变化，先记下。

（6）黑1下S18，也是阻止白棋划分内部空间的有力手段。白2下S19，出现变数。黑棋有R18和T18两种选择。

a. 黑3下R18，方向错误。白4下T18，成功做成两只真眼，黑棋杀棋失败。

b. 黑3下T18，方向正确。白棋为了继续划分内部空间，只能下R18，这时白棋只有1气，黑5下R19，将白棋提吃，杀棋成功。这是本题的正确答案。

最佳变化是（6）b，净杀白棋，是本题的正确答案；排名第二的变化是（5）b，为紧气劫；排名第三的变化是（3），为缓一气劫。其余变化均为失败变化。

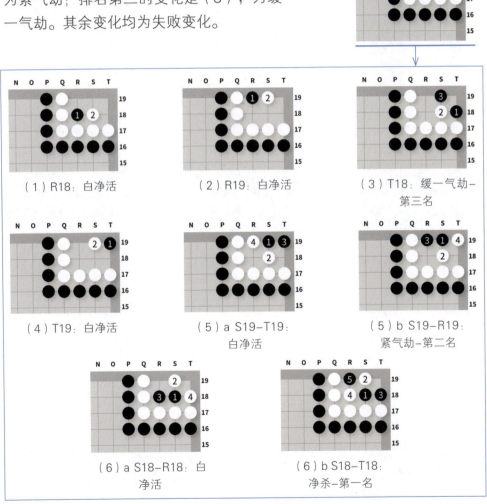

图3-103

排查的过程如图 3-104 所示，我们可以发现这道题实际的有效变化远远少于理论上的 720 个，只有 8 个。对于有 8 个有效变化的题目，使用排除法并不麻烦。

因此，我们可以得出结论，在有效变化并不多的情况下，使用排除法是解死活题的有力手段。

将排除法抽象为图 3-105 所示的概念图，图中的每一个图形都代表某个有效变化中的某一手棋。排除法从最上方的蓝色图形开始，按照固定的顺序逐一排查至每一个分支的最后一个图形，最后进行总结，在排查过的所有路线中选出正确答案。

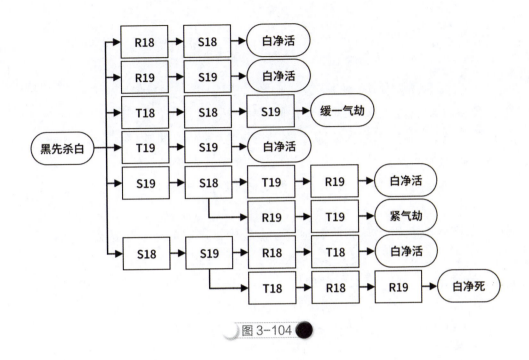

图 3-104

排除法

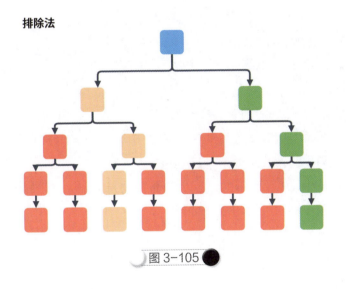

图 3-105

165

3.6.2　剪枝法（2K）

当死活题需要考虑的有效变化数量庞大时，坚持使用排除法会耗费大量的时间。如果死活题出现在限时的对局中，仅仅采用排除法是不实用也不可行的。如果能以组为单位，将具有共同特点的变化分支全部剪除，然后对剩余的分支使用排除法，将大大缩短找到正确答案的时间。

这种通过巧妙手段成组的排除变化的解题方法称为"剪枝法"。

图3-106是黑棋的杀棋题。这道题中，黑棋共有9个选点，变化众多，直接使用排除法需要花费大量的时间。为了将9个选点中的重要选点筛选出来，我们可以假设白棋先下，然后黑棋连下两手。如果即使黑棋连下两手也不能杀死白棋，那么白棋的这个选点一定是重要选点。将9个选点逐一尝试后我们发现，白棋只有下Q15能满足这个要求，黑棋在S16和T15连下两手后可以做成打劫。因此，重要选点的范围缩小至Q15、S16和T15这3个点，其中Q15点是重点怀疑对象。然后结合较为简单的死活题经验，我们先对后两个点使用排除法。黑1下S16，白2下R16，白棋净活。黑1下T15，白2下Q15，黑3下S16，白4下R16，形成打劫。也就是说，黑1如果不下Q15，最好的结果就是下T15形成打劫。

下一步是对黑1下Q15进行分析。为了防止黑棋利用接不归吃子，白2只能选择Q16或R15，其中，由于白2下R15可以延长S15处的白子的气，R15的选点要优于Q16。白2下R15后，黑棋可以采用杀棋四步法中的缩小眼位法或阻止划分内部空间法解题。利用排除法，可知黑棋下T16缩小眼位可以杀死白棋。

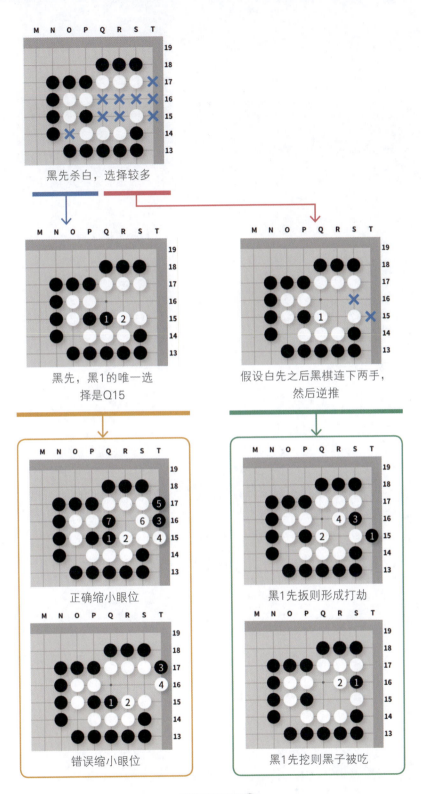

图 3-106

经过上述思考过程，我们将 9 个选点所在的 9 个大分支中的 6 个直接剪除，对剩余 3 个使用排除法获得正确答案，节省了大约 2/3 的时间和思考过程。

本题的思考过程如图 3-107 所示。正确答案是黑 1 下 Q15，白 2 下 R15，黑 3 下 T16 的变化，白净死。排名第二的变化是黑 1 下 T15 的变化，打劫活。其余变化均为失败变化。

将剪枝法抽象为图 3-108 所示的概念图，图中的每一个图形都代表某个有效变化中的某一手棋。

剪枝法通过假设对方先下的方法，将代表第一手重要选点的绿色图形选出，然后对这个分支使用排除法，在这个分支下的所有路线中选出正确答案。

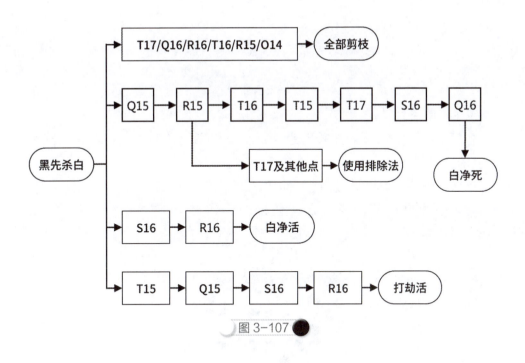

图 3-107

剪枝法

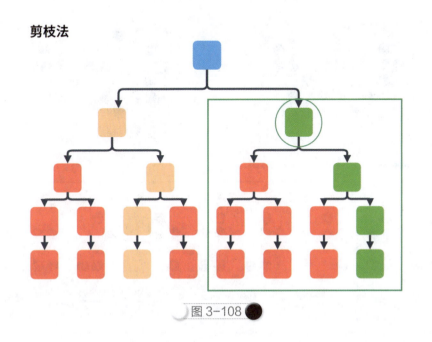

图 3-108

3.6.3 构造法（1K）

剪枝法虽然减少了需要计算的总变化数，但核心的计算方法仍然是排除法，效率较低。

对于做死活题较为熟练的棋手，可以根据棋形的特点构造正确的预想图。

预想中所有棋子的位置，可能就包含正解的位置。

这种通过构造的变化进行逆推的解题方法称为"构造法"，如图3-109。

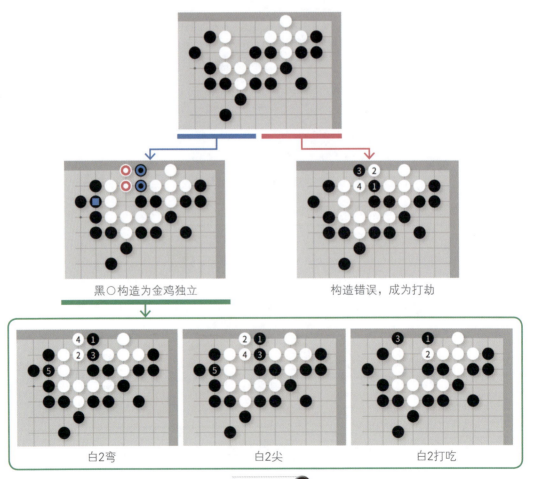

图3-109

将构造法抽象为图 3-110 所示的概念图，图中的每一个图形都代表某个有效变化中的某一手棋。

构造法的优点是可以跳过大量变化，直奔正确答案。但是构造法难度较高，想一举获得正确的预想图，需要大量的死活题经验。

构造法

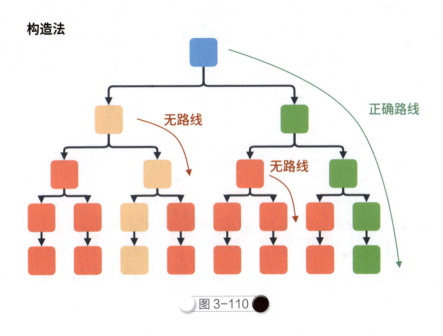

图 3-110

3.6.4 直觉法（1D）

使用构造法之后，大部分级位水平的死活题都可以在两三分钟之内得到正确答案。

随着对棋形和死活手筋的进一步认识加深，下一个解题境界是直觉法。

顾名思义，"直觉法"就是一眼发现正确答案的第一手，然后经过快速的思考来验证正确性，如图3-111。

将直觉法抽象为图3-112所示的概念图，图中的每一个图形都代表某个有效变化中的某一手棋。

直觉法是通过对棋形和死活手筋的理解，一眼找出正确路线第一点。

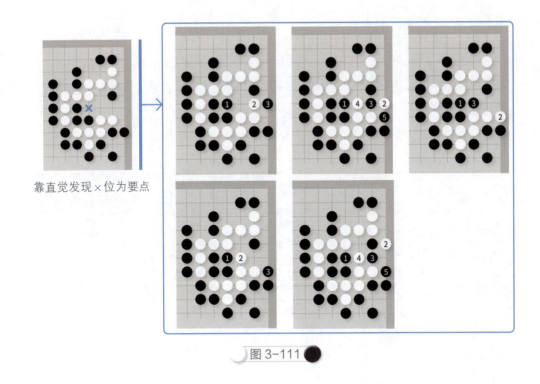

靠直觉发现×位为要点

图 3-111

直觉法

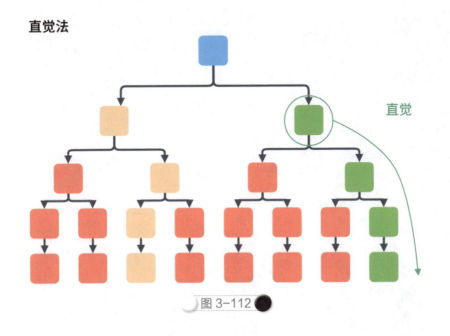

图 3-112

3.7 技能树

我们已经学完了第 3 章,表 3-3 为本章所学的技能,来看一看你是否已经掌握了它们。

表 3-3 死活技能树

技能类别	技能名称	技能描述	难度分类	围棋等级	是否掌握
眼和死活	真眼和假眼	了解"眼"的特点 掌握"识别真眼和假眼"的方法	A	17K	
	眼的推算	掌握"推算未成形的眼中真眼的数量"的方法	A	16K	
	死棋和活棋	掌握"判断一块棋是死棋还是活棋"的方法	A	15K	
基本死活型	直二	掌握"直二"的死活情况	A	17K	
	直三	掌握"直三"的死活情况	A	17K	
	弯三	掌握"弯三"的死活情况	A	17K	
	直四	掌握"直四"的死活情况	A	16K	
	弯四	掌握"弯四"的死活情况	A	16K	
	闪电四	掌握"闪电四"的死活情况	A	16K	
	丁四	掌握"丁四"的死活情况	A	16K	
	方四	掌握"方四"的死活情况	A	16K	
	刀把五	掌握"刀把五"的死活情况	A	15K	
	梅花五	掌握"梅花五"的死活情况	A	15K	
	板六	掌握"板六"的死活情况	A	15K	
	葡萄六	掌握"葡萄六"的死活情况	A	15K	
做活技巧	做活 1+1 型	了解"1+1 型做活题"的特点 掌握"1+1 型做活题"的做活手段	B	14K	
	做眼 1×2 型	了解"1×2 型做活题"的特点 掌握"1×2 型做活题"的做活手段	B	14K	

续表

技能类别	技能名称	技能描述	难度分类	围棋等级	是否掌握
做活技巧	三眼两做型	了解"三眼两做型做活题"的特点 掌握"三眼两做型做活题"的做活手段	B	13K	
	扩大眼位法	掌握"扩大眼位"的做活方法	B	12K	
	构造基本活型法	掌握"构造基本活型"的做活方法	B	12K	
	划分空间法	掌握"划分空间"的做活方法	B	11K	
	角部的特殊性	掌握"利用角部特殊性做活"的方法	B	10K	
	不入气	掌握"利用不入气做活"的方法	B	9K	
	先手威胁	掌握"利用先手威胁做活"的方法	B	8K	
	吃子手筋	掌握"利用吃子手筋做活"的方法	B	7K	
	双活	了解"双活是活棋"的特点 掌握"通过双活做活"的方法	B	10K	
	盘龙眼	了解"盘龙眼是活棋"的特点 掌握"通过盘龙眼做活"的方法	B	9K	
	胀牯牛	灵活运用"利用不入气做活"的方法 掌握"通过胀牯牛做活"的方法	B	8K	
	做活四步法	灵活运用"做活四步法"解决所有做活题	B	7K	
杀棋技巧	破眼型	了解"破眼型杀棋题"的特点 掌握"破眼型杀棋题"的杀棋手段	B	14K	
	占据要点型	了解"占据要点型杀棋题"的特点 掌握"占据要点型杀棋题"的杀棋手段	B	14K	
	缩小眼位法	掌握"缩小眼位"的杀棋方法	B	12K	
	构造基本死型法	掌握"构造基本死型"的杀棋方法	B	12K	
	阻止划分空间法	掌握"构造基本死型"的杀棋方法	B	11K	
	角部的特殊性	掌握"利用角部特殊性杀棋"的方法	B	10K	
	气紧	掌握"利用气紧杀棋"的方法	B	9K	

175

续表

技能类别	技能名称	技能描述	难度分类	围棋等级	是否掌握
杀棋技巧	断点	掌握"利用断点杀棋"的方法	B	8K	
	吃子手筋	掌握"利用吃子手筋杀棋"的方法	B	7K	
	杀棋四步法	灵活运用"杀棋四步法"解决所有杀棋题	B	7K	
经典死活技巧	七死八活	熟练掌握"直三"和"直四"的死活情况 灵活运用"扩大眼位"的做活方法 灵活运用"缩小眼位"的杀棋方法	B	10K	
	断头板六	灵活运用"利用气紧杀棋"的方法 灵活运用"利用断点杀棋"的方法	B	9K	
	角上板六	灵活运用"利用角部特殊性杀棋"的方法 灵活运用"利用气紧杀棋"的方法	B	7K	
	盘角曲四	了解"打劫"的特点 灵活运用"利用角部特殊性杀棋"的方法	B	8K	
	左右同形	灵活运用"三眼两做"的做活方法 灵活运用"占据要点"的杀棋方法	B	10K	
死活手筋	立尖跳飞虎	了解"立、尖、跳、飞、虎"等手筋的棋形特点以及在死活题中的作用和效果	C	6K	
	顶挤挖跨扳	了解"顶、挤、挖、跨、扳"等手筋的棋形特点以及在死活题中的作用和效果	C	5K	
	扑点断夹托	了解"扑、点、断、夹、托"等手筋的棋形特点以及在死活题中的作用和效果	C	4K	
解题思路	排除法	掌握"利用排除法解死活题"的完整思路	C	3K	
	剪枝法	灵活运用"排除法"解死活题 掌握"利用剪枝法解死活题"的完整思路	C	2K	
	构造法	灵活运用"排除法"解死活题 掌握"利用构造法解死活题"的完整思路	C	1K	
	直觉法	灵活运用所有已经掌握的死活技巧 掌握"利用直觉法解死活题"的完整思路	C	1D	